Kleine Edition

Diego Viga

Ankläger des Sokrates

Roman aus dem
alten Athen

Mitteldeutscher Verlag
Halle · Leipzig

ISBN 3-354-00165-8

Lizenz-Nr. 444-300/16/87 · 7001
Printed in the German Democratic Republic
Einband: Heinz Handschick
Typografie: Peter Hartmann
Gesamtherstellung: Offizin Andersen Nexö,
Graphischer Großbetrieb, Leipzig III/18/38
Best.-Nr. 639 321 7

00750

Für Josefine
in Liebe und Dankbarkeit

I

Ich kann es nicht fassen.

Ein großer Tag war das, als ich vor Gericht Anklage erhob gegen den, der sich »in aller Bescheidenheit« den Weisesten unter den Sterblichen nennen ließ.

Nun sitze ich selbst auf der Anklagebank.

Ist es ein Alptraum? Ist das Menschenleben nichts weiter als ein Alptraum?

Da sitzen auch Anytos und Lykon. Einst die stolzen Kläger, stolz darauf, die Demokratie Athens zu retten, stolz darauf – ja worauf eigentlich?

Wir werden beschuldigt, Sokrates ungerechterweise vor die Richter gebracht zu haben. Sie bezeichnen das als Mord.

Häscher kamen in mein Haus und führten mich in den Kerker.

»Wie könnt ihr es wagen?«

»Richterliche Verfügung.«

»Was soll ich verbrochen haben?«

»Das wird dir der Richter sagen.«

Es waren mehrere Bewaffnete, ich konnte mich nicht weigern, und von Untergebenen soll man keine Auskunft verlangen.

»Wessen bin ich angeklagt?« fragte ich den Untersuchungsrichter.

Schließlich erfuhr ich: Ich hätte den Tod des Sokrates auf dem Gewissen. Mein Gewissen fühlte sich aber nicht bedrückt!

Hier sitze ich vor Gericht, gefangen, verzweifelt. Immerhin sehe ich wieder freien Himmel, den blauen Himmel über Athen, die hellenische Sonne, die meine Heimatstadt bestrahlt.

Da sind wir, wir drei.

Ich fühle mein Herz klopfen. Immer habe ich mich für mutig gehalten. Fürchte ich jetzt für mein Leben? Die arme Alkestis, sie war in Tränen aufgelöst, als sie mich fortführten. Was wird aus ihr und den Kindern?

Eteokles sitzt hoch oben. Noch weiter oben wird der Vorsitzende Platz nehmen.

Wer wird es sein? Noch ist er nicht erschienen.

Er kommt langsam, feierlich, vom Herold angekündigt, von Wächtern umgeben.

Den Göttern sei Dank!

Polyeuktes leitet den Prozeß. Er ist ein gerechter Mann, er hat auch die Verhandlung geleitet, die Sokrates verurteilte. Er muß bestätigen, daß wir im Recht waren. Er weiß es. Er war es, der das Todesurteil gegen Sokrates verkündete.

Alle erheben sich.

»Das Gericht tagt«, kündigt er mit farbloser Stimme an.

Da alle wieder sitzen, ruft er die Kläger auf.

Es sind Phaidon, Glaukon und Kriton.

Die wagen sich wieder ans Licht? Phaidon war einer der Getreuesten des Sokrates. Platon nannte ihn immer wieder in seinen Streitschriften, benannte eine sogar nach ihm.

Platon sitzt unter den Zuhörern. Er ist zu vornehm, vor der Menge zu reden. Er ist ein schlechter Redner, vielleicht schreibt er darum so gut. Einmal schon hat ihn die Menge ausgepfiffen, verlacht und geschrien, daß er abtreten solle. Das war bei Beginn des Prozesses gegen Sokrates.

Der Hauptkläger scheint Glaukon zu sein, der Jüngste unter den dreien.

Auch ich war der Jüngste, als ich die Rede zu halten hatte gegen Sokrates, und heute bin ich der Jüngste unter den Angeklagten.

Kriton beginnt:

»Meletos, Sohn des Meletos aus Athen, Anytos, unverdienterweise gebürtiger Athener, und Lykon, gebürtig aus Athen und Sophist oder, wie er vorsichtigerweise sagt, Redner und Anwalt. Ich will ihn gar nicht als einen Anwalt des Rechts bezeichnen, diesen Menschen, der den Tod des weisesten aller Männer und des in Wahrheit frömmsten und gerechtesten mitverursacht hat.«

»Warum nennst du ihn den Weisesten und Frömmsten, da er wegen Einführung fremder Götter zum Tode verurteilt worden ist, und das von Polyeuktes, dem gerechten Richter, der auch heute den Vorsitz führt?« fragt Lykon.

»Du wagst dein Opfer zu beleidigen?« schreit Kriton. »Das Urteil wurde auf Grund falscher Argumente gefällt.«

»Das Volk von Athen bedauert heute, den besten seiner Mitbürger, von euch dreien verführt, irrtümlich verurteilt zu haben, und die geringste Sühne, die es sich selbst auferlegen kann, ist, euch auch zum Tode zu verurteilen«, sagt Glaukon.

»Seit wann bist du so weise, Glaukon?« Ich bewundere Lykons Ruhe und seine Fähigkeit, auch jetzt und hier noch in spöttischem Tone zu sprechen.

»Seit mich Sokrates erzogen hat.«

»Hat nicht Sokrates dich geprüft und gesagt, daß du unfähig seist, die Leitung des Staates zu übernehmen, um die du dich bewarbst?«

»Wie Homer manchmal schläft, konnte das auch Sokrates zustoßen. Ich gebe dir recht, daß er mich dazumal unzureichend fand, doch er hat mich weitergebildet, und das Ergebnis ist, daß ich heute an dieser Stelle stehe, um seine Mörder zur Rechenschaft zu ziehen.«

»Man sühnt einen Tod nicht durch den anderer.«

»Man sühnt ihn, wenn man die Mörder der gerechten Strafe zuführt«, ruft Kriton, sonst ein ruhiger Mann, gewiß klüger als Glaukon und weniger ehrgeizig.

»Sokrates«, sagt nun Phaidon, »war die Leuchte Athens. Durch ihn wurde unsere Vaterstadt der Ausgangspunkt der Philosophie.«

»Sokrates hat die Weisheit des Menschen entdeckt, ich meine die bescheidene Weisheit, die zur Tugend führt, die euch fremd ist«, schreit Glaukon in wilder Erregung.

»Besonders deine! Du warst der Liebling, die männliche Geliebte, die Hure des Kritias, des übelsten der dreißig Tyrannen ...«

»Ich war Kritias' Freund, das ist keine Schande. Kritias war der Leiter dieses Landes, dieser Stadt, und fiel tapfer im Kampfe ...«

»Gegen das eigene Volk«, rufe nun ich.

Polyeuktes weist mich ruhig und achtunggebietend zurecht: »Ich verbiete laute Diskussionen, ich verbiete Anschuldigungen ...«

»War es nicht das Volk von Athen, das sich gegen die dreißig Tyrannen erhoben hat?« fragt Lykon, jetzt leise und ruhig.

»Weil es aufgewiegelt wurde«, wirft Phaidon ein, »gegen die dreißig vornehmen Männer, die ihr als Tyrannen bezeichnet.«

»Wieviel Menschen haben die dreißig zu Tode gebracht und wie viele die Demokratie? Fünfzehnhundert haben die Tyrannen ...«

»Doch der eine, den ihr drei auf dem Gewissen habt, ist wertvoller als all das umstürzlerische Gesindel.«

»Du unterstehst dich, im demokratischen Athen die Befreier Gesindel zu nennen?« frage ich. »Du weißt ganz genau, daß du das nur kannst, weil wir eben Demokraten sind ...«

»Die bloß die Besten und Gerechtesten umbringen«, ruft eine Stimme, eine klanglose und glanzlose aus dem Publikum.

»Keine Zwischenrufe, selbst wenn sie von dir kommen, Platon!«

Dieser Platon ist und bleibt ein ungelenker Redner. Dennoch hat er uns am meisten geschadet mit seiner Schrift, der Verteidigungsrede des Sokrates!

»Phaidon und ich wissen am besten, wen Athen durch diese drei verloren hat.«

»Du hast seine Verteidigung wiedergegeben, doch nicht seine Worte«, halte ich ihm vor. »Niemand ist nach deiner Schrift klar, daß wir die Demokratie schützen wollten und das Volk von Athen, euch, meine Mitbürger ...«

Darauf antwortet ein heftiges Murren gegen mich. Haß sprüht aus ihren Augen. Götter, ein Feuer, das mich brennt!

»Genug«, ruft Polyeuktes, »nicht Politik soll diskutiert werden, seid sachlich, bleibt beim Thema. Führe die Gründe an, aus denen du die Anklage erhebst, Glaukon.«

»Meletos hat auf Rat, vielleicht auf Anstiften des Anytos und des Lykon den weisesten aller Menschen ...«

»Wer nannte ihn so? Er sich selbst!« ruft nun Anytos dazwischen.

»Nein, der Gott von Delphoi, seine heilige Priesterin und sein Orakel.«

»Das Orakel beantwortete bloß eine Frage«, stelle ich richtig, »Sokrates hatte damals sich selbst als den Weisesten bezeichnet und sich auf das Orakel berufen.«

»Er berief sich auf Apollon, den Gott.«

»Warum nicht auf Athene? Sie ist die Göttin der Weisheit.«

»Sie ist die Göttin des Wissens«, berichtigt Platon.

»Und Wissen scheint dir nicht Weisheit. Weisheit ist nur Versenken in die eigene Tiefe und nicht Wissen, das den Menschen helfen, das Kranke heilen oder Arbeit erleichtern kann.«

Polyeuktes unterbricht:

»Zur Sache. Wir gelangen zu keinem Urteil, ob

die Angeklagten schuldig oder unschuldig sind, wenn ihr euch hier mit eurer Weisheit brüstet, statt Tatsachen vorzubringen.«

»Du selbst hast das Todesurteil gegen Sokrates ausgesprochen«, sucht Anytos ihm in Erinnerung zu rufen.

»Ich mußte das tun«, verteidigt sich der Richter, »die Gesetze verlangen, daß die Strafe über den Schuldiggesprochenen verhängt werde, und Sokrates sprach nach unserem damaligen Empfinden so unverschämt, daß man den Gesetzen folgen mußte. Sokrates selbst hat verlangt, daß man den Gesetzen gehorche, hat eben das Gerechtigkeit genannt.«

»Er hat jedoch andere Gesetze vorgeschlagen, bessere«, wendet Platon ein.

»Er hat gesagt, daß die Gesetze des Lykurgos die beste Verfassung begründet haben, die Verfassung Spartas. Doch Sparta ist unser Feind!«

»Es war unser Gegner«, verbessert mich Platon, »wir leben in Frieden.«

»Spartas Ungeist ...«

»Ich rufe zur Ordnung«, vernehmen wir wieder Polyeuktes, »zur Sache!«

Der Ankläger Glaukon: »Alle wissen, daß Meletos als Dichter, Anytos im Namen der Werktätigen und Lykon als Anwalt Sokrates verklagt haben, er verführe und verderbe die Jugend, und er wolle fremde Götter an Stelle unserer eigenen setzen. Vielleicht hat Meletos das erdichtet, mit Recht nannte ja Sokrates gelegentlich die Dichter Lügner ...«

»Lügner!« schreie ich. »Er warf uns vor, daß wir die Natur, das Wirkliche abbilden und besingen, daß wir sie für wesentlich halten und für wichtig! Er wollte, daß wir Idealbilder malen, die Idole oder Ideale, wie sie jetzt Platon nennt. Eine ganz falsche und irreführende Theorie ...«

»Schon wieder schweifst du ab und faselst.« Polyeuktes ist sichtlich gegen mich eingenommen. Ich muß vorsichtig sein, mein Leben steht auf dem Spiele. Sie sind gegen mich, gerade gegen mich.

»Ihr hört ja«, fährt Glaukon fort, »wie Meletos immer noch im Namen der Dichter redet, die nichts von Philosophie verstehen. Also klagte er Sokrates an, fremde Götter einführen zu wollen und die Jugend zu verderben. Sind Männer wie Platon, der hochgeachtete, der in seiner Akademie die Weisheit des Sokrates fortsetzt und lehrt, wie der tapfere Heerführer Xenophon ...«

»Der sich nicht nach Athen wagen darf, weil er für die Spartaner gekämpft und damit Hochverrat an Athen geübt hat!«

»Er beschimpft sein Opfer«, schreit einer aus der Menge, und wieder brandet das zornige Murren an mein Ohr, ein Meer, das gegen mich rauscht!

»Meletos also klagte den Weisen und Gerechten an, im Namen windiger Dichter«, fährt Glaukon fort.

»Aischylos, Sophokles und Euripides haben mehr für den Glanz Athens getan als Sokrates und ihr Sokratiker.«

»Ich verbiete dir, Meletos, so zu schreien!« läßt sich Polyeuktes vernehmen.

Glaukon sagt: »Weiter klage ich Anytos an, der, als Vertreter der Werktätigen, wie er selbst sagt, also der Menschen, die lediglich die Hände zu regen wissen, nicht aber den Kopf, den Sokrates fälschlicherweise ebenso der Verführung der Jugend bezichtigt.«

»Nicht fälschlicherweise«, antwortet Anytos. »Sokrates hat Kritias erzogen, und war nicht Kritias derjenige, der Nikias' Werk fortführte? Er hat den faulen Frieden mit Sparta geschlossen, als wir die Lakedaimonier leicht hätten besiegen können, denn die Heloten hatten sich gegen ihre Unterdrücker erhoben. Das war doch Hochverrat!«

»Hätten wir etwa einen Sklavenaufstand unterstützen sollen?« fragt Glaukon.

»Ist es recht, daß Hellenen Sklaven sind?« frage ich dagegen.

»Komm zur Sache, Meletos, es geht um eine Mordanklage gegen dich«, mahnt Polyeuktes – drohend oder gütig? Ich kenne mich nicht mehr aus, bin völlig verwirrt.

»Und nun zu dir, Anytos. Warum hast du Sokrates verklagt, daß er die Jugend verderbe?«

»Er war Lehrer des Alkibiades und des Kritias!«

Wie Glaukon zusammenzuckt, wenn der Name seines Busenfreundes genannt wird!

»Du hast Sokrates verleumdet, Anytos, weil du und deinesgleichen bloß den eigenen Vorteil sucht und weil ihr nicht wißt, was Tugend und Anständigkeit ist. Sokrates meinte, daß die den Staat leiten sollen, die etwas davon verstehen, die durch Herkunft und Bildung dazu berufen sind.«

»Ich wurde vom Volke gewählt.«

»Von den Werkleuten, den Ungebildeten, die keineswegs imstande waren, die Größe des Weisen zu erfassen.«

»Hört ihr, Werktätige Athens, daß man euch herabsetzt!«

»Keineswegs«, sagt Kriton unaufgefordert, »Sokrates selbst war aus den Werktätigen aufgestiegen. Sein Vater war Bildhauer, einer, der schwer arbeitet mit seinen Händen, und seine Mutter war Hebamme. Sokrates hat sich stets auf Phenareta berufen, er hat die Kunst seiner Mutter vergeistigt.«

»Jetzt haben die Jünglinge nur die Gebärmutter im Kopf und sonst nichts«, läßt sich eine Stimme vernehmen, wieherndes Gelächter auslösend.

»Schamloser, der du dich in der Menge verbirgst«, ruft Polyeuktes. Da erhebt sich einer ... Es ist Antisthenes.

»Willst du deinen gemordeten Lehrer verunglimpfen, du, der sich einen Philosophen nennt?« fragt Phaidon.

Antisthenes, der älteste unter den Sokratikern, der einzige, der wagt, den Mund für uns aufzutun! Er grinst, wie so oft ... Wenn er die Richter nur nicht noch mehr verärgert!

Pfeifen, Trampeln und Rufe: »Hund, Hund.«

»Man nennt mich so, weil ich bescheiden bin und keinen Wert auf die Eleganz der Herrchen lege, die sich weibisch ausstaffieren. Überdies leben Hunde natürlicher als Menschen – es ist nicht beleidigend, wenn ihr mich so bezeichnet.«

»Aus den Löchern deines Mantels lugt die Eitelkeit«, läßt sich Platons belegte Stimme vernehmen, »das hat der große Sokrates bereits erkannt.«

»Ihr dürft mich einen Hund nennen, doch keineswegs bin ich bereit, einem Herrn die Füße zu lecken, kritiklos etwas hinzunehmen, bloß weil es einer gesagt hat, der angesehen ist ...«

»Hund, Hund«, skandiert ein Sprechchor. Man könnte meinen, daß dieses Theater vorbereitet ist.

Antisthenes setzt sich. Auch er läßt sich nicht gern beschimpfen.

Glaukon fährt in seiner Anklage fort: »Warum hat Anytos gegen Sokrates gehetzt? Neidete er dem bescheidenen Weisheitsfreund seinen Ruhm? Wollte er sich beliebt machen durch unverantwortliche Lügen, die er von Meletos erfinden ließ, weil er selbst zu ungebildet ist ...«

»Ich wollte das Vaterland verteidigen, wie es meine Pflicht als Staatsmann war.«

»Es schmerzte dich, daß Sokrates es wagte, die Machenschaften der unfähigen Staatsmänner bloßzustellen. Darum hast du erst Kritias umbringen lassen, der das Land endlich befriedet und in Ordnung gebracht hat, und dann den weisesten ...«

»Ich bedaure aus ganzer Seele, daß ich zum Tode des Sokrates beigetragen habe, doch geschah es aus Liebe zu Athen.«

»Wenn du das Liebe nennst, zeigt es, wie recht Sokrates hatte, der Herrschaft der Unerfahrenen und Ungebildeten zu mißtrauen. Ich klage dich des Leichtsinns an und der Volksverführung, die zu einem Totschlag geführt hat. Das sind todeswürdige Verbrechen.«

Anytos schweigt.

Glaukon wendet sich an den dritten auf unserer Bank: »Du, Lykon, hast die Klage ausgearbeitet und durch den Mund des Theatergewaltigen Meletos veröffentlicht, du, der erfahrene Redner, der von denen, die sich der Weisheit rühmen und sich Sophisten nennen, ausgebildet worden ist. Du hast dich von Anytos kaufen lassen ...«

»Anytos hat mein Bemühen bezahlt, ich habe die Anklagepunkte aus Überzeugung zusammengestellt. Anytos hat sie dann durch Meletos vor Gericht, unter dem Vorsitz des gerechtesten und gelehrtesten Richters, des großen Polyeuktes, vorgetragen.«

»War auch Meletos bezahlt?«

O ihr Götter! Meine Familie mußte leben, ich war ohne Einkünfte nach dem Fehlschlag des »Thersites«, meiner besten Tragödie. Hätte ich sie hungern lassen sollen?

»Anytos«, fragt Glaukon noch einmal, »hast du Lykon und Meletos gekauft? Bist du also der Hauptschuldige?«

»Gewiß nicht! Ich habe Lykon die Rechtserläuterung bezahlt, denn wo einer nicht genug weiß, muß er sich informieren.«

»Und Meletos?«

»Meletos bereitete sich gründlich vor, und da er dazu viele Stunden brauchte, mußte ich ihm die Arbeitszeit vergüten.«

»So bist du der Mörder!«

»Da seien die Götter vor! Meletos hatte alle Gedanken, ich habe ihm bloß geholfen ...« Lüge, er war zu mir gekommen. Freilich bin ich von Sokrates' Schuld überzeugt.

»Hast du von Anytos Geld erhalten, Meletos?« fragt Polyeuktes.

»Ja.«

»Wieviel?«

»Dreißig Drachmen im Monat.«

»Billig hast du dich verkauft«, vermerkt der reiche Glaukon, dieser Päderast!

»Ich habe mich nicht verkauft. Ich war und bin von Sokrates' Schuld überzeugt! Anytos hat mir nur ermöglicht, das Material zu sammeln, ohne meine Familie dem Hunger auszusetzen.«

»Ich nenne das Bestechung!«

Es soll so aussehen, als hätte ich den alten Sokrates um des Geldes willen umgebracht. Götter, hat die Verleumdung kein Ende?

»Nun, Lykon«, höre ich wieder die etwas weibisch klingende Stimme des Glaukon, »du hast als Unrechtsberater fungiert, eine häßliche Sache. Aus eigenem Antrieb oder durch Anytos veranlaßt?«

»Anytos hat uns beide, Meletos und mich, gerufen und uns auseinandergesetzt, daß man etwas gegen Sokrates unternehmen müsse, damit nicht weitere Verräter an unserem Volke herangezüchtet werden.«

»Somit hat er euch angestiftet?«

»Ja.«

»Was sagst du, Meletos?«

»Wir drei waren der gleichen Überzeugung.«

»Du hast also den Prozeß gegen Sokrates veranlaßt?«

»Zusammen mit Anytos und Lykon.«

»Du bist der Hauptschuldige!«

»Das müssen unsere Mitbürger hier entscheiden, falls sie überhaupt eine Schuld finden.«

»Ich fasse zusammen«, sagt Glaukon, bemüht, entschieden und männlich zu scheinen, »Anytos hat Sokrates vernichten wollen. Es war der Neid des kleinen Handwerkers gegen den großen Weisen und wahrhaften Geistesmenschen. Lykon oblag seinem Geschäft und ist überdies nichts weiter als ein Sophist. Meletos fühlte sich als Dichter beleidigt, weil er ein erfolgloser, ein durchgefallener Dramenverfasser ist. Diese Menschen würden uns nicht interessieren, wenn sie Athen nicht seiner hellsten Leuchte beraubt hätten. Sie sind des Mordes, der Verleumdung und der aktiven Bestechung, soweit es Anytos angeht, der passiven Bestechung im Falle des Lykon und des Meletos schuldig. Ich beantrage, sie dieser Verbrechen schuldig zu sprechen.«

Ich bin wie gelähmt, ich vermag mich nicht zu verteidigen. Nicht bloß eines Mordes angeklagt, sondern niederträchtig und erniedrigend der Bestechung!

»Ich habe Sokrates aus Überzeugung angeklagt. Ich stehe zu dem, was ich damals erklärt habe«, schreie ich wütend, jede Hemmung ist geschwunden.

»Hört, hört, Meletos bedauert nicht, was er verbrochen hat!«

Bringe ich mich selbst um? Vergesse ich, daß es um mein Leben geht?

»Sokrates war gegen das Volk«, rufe ich. »Hat er nicht gesagt, wer das niedrige Volk lobe – jawohl, das Volk nannte Sokrates niedrig, euch, Mitbürger, nannte er niedrig –, wer euch also lobe, gleiche einem, der die Vierteldrachme verachte, eine Menge solcher kleiner Münzen jedoch erfreut in die Tasche stecke, der hätte die Masse als höchsten Besitz gelobt! Das ging gegen euch, die ihr euer Dasein mühsam verdienen müßt. Arbeit verachtete er, ihr Arbeiter ...«

»Der Mörder schwingt eine Rede gegen einen Toten, gegen einen, den er gemordet hat«, Platon springt dem Glaukon bei.

Und das Volk pfeift Platon diesmal nicht aus, sondern, o schreckliches, o erschreckendes Wunder, jubelt ihm zu, Steine fliegen aus dem Zuschauerraum gegen mich. Einige treffen mich. Ich fühle Schmerz, ich fühle Blut, das über mein Gesicht rinnt.

»Halt«, ruft nun Polyeuktes, »es steht dem Gericht zu, die Angeklagten zu verurteilen, falls sie schuldig sind, nicht aber den Zuhörern. Ich lasse den Ort der Verhandlung räumen, wenn ihr nicht Ruhe bewahrt!«

Polyeuktes wendet sich an uns drei: »Was habt ihr noch zu eurer Verteidigung vorzubringen?«

»Ich habe gesprochen.« Ich wage nicht, noch mehr hinzuzufügen. »Ich wiederhole, daß Sokrates Verräter an Athen heranzüchtete, wie Alkibiades, wie Kritias und Xenophon, daß er Apollon für

Weisheit zuständig erklärte statt unsere Athene. Sein Fall wurde vom Volke beurteilt, ich gehöre zu diesem Volke.«

»Nein, nein«, schreit die Meute. »Steiniget ihn, steiniget ihn.«

Ich setze mich und schweige.

»Und du, Anytos?« fragt Polyeuktes.

»Wir wollten die Demokratie retten. Ihr wißt ja, welch fauler Friede geschlossen worden war und daß dieser Friede uns die Unterdrückung durch die dreißig unter der Führung des Kritias, des Schülers des Sokrates, bescherte. Wir taten, was wir für recht hielten.«

»Und was hast du zu sagen, Lykon?«

»Mir widerstrebt es, einen Toten weiter anzuklagen und zu verunglimpfen.«

Er ist ein schlaues Luder, dieser Kerl, nicht impulsiv wie ich, will sich aus dem Netz ziehen, in dem ich mich verfangen habe.

»Ihr verdammten Sophisten habt ihn besonders angefeindet, und dazu noch hat ihn Aristophanes, den ich hier sehe, für einen Sophisten gehalten«, schreit Glaukon.

»Fragt ihn doch selbst«, entgegnet Lykon ruhig.

Aristophanes erhebt sich schwankend, er scheint wieder einmal nicht ganz nüchtern. »Ich bin bloß ein windiger Dichter. Ich wollte euch lachen machen, ich gebe euch doch Gelegenheit zu lachen, nicht wahr?« Und sie klatschen Beifall, wie im Theater. »Ich wollte gegen die Sophisten schreiben und sprechen, doch fand ich die Kerle, die Freunde Lykons, so langweilig, pedantisch und nüchtern, daß ich sie durch eine andere Figur ersetzen mußte. Sokrates war populär, jeder kannte ihn, und er hat mir's nicht übelgenommen, hat sich selbst auf die Bühne begeben, damit man ihn mit dem Darsteller vergleichen könne – er war eben ein Mann des Volkes!« Tosenden Beifall erntet der alte Komödiant. »Ich verabscheue seine Mörder wie ihr!« Wieder Beifall, tödlicher Beifall, tödliches Lachen und Johlen der Menge, es schmerzt wie die Steinwürfe.

Nun zieht sich der Gerichtshof zurück.

Götter, gebt den Richtern Vernunft und ein gerechtes Einsehen!

Warten, unendliches Warten, schreckliches Warten …

Endlich kehren sie wieder.

Polyeuktes hat die Entscheidung zu verkünden:

»Alle drei sind schuldig, den Tod des Sokrates unter falschen Anklagen verursacht, das Volk zu einem verhängnisvollen Irrtum verführt, es böswillig aufgehetzt zu haben. Das hat die überwiegende Mehrzahl der Richter befunden.«

Dröhnender Applaus und lauter Jubel.

Arme Alkestis, was wird aus dir, was wird aus den Kindern? Ich, als Hauptangeklagter, werde zuerst befragt, welche Strafe ich meiner Schuld für angemessen halte.

»Ich will nicht groß reden und unverschämt, wie es Sokrates an dieser Stelle getan hat.« Schon wieder errege ich einen Sturm. Ich bin ein Narr, ein Verbrecher gegen mich selbst und die Meinen! Ich muß langsam sprechen, ruhig, überlegt. »Ich habe nach meinem besten Wissen und Gewissen handelnd Sokrates angeklagt. Das Todesurteil wurde vom Gericht gefällt, nicht von mir. Falls ich ein Fehlurteil heraufbeschworen haben sollte, bedauere ich das. Ich beantrage für meinen Irrtum, da ich die Entscheidung der Richter annehmen muß, ein Jahr Verbannung aus meiner geliebten Heimat.«

Wieder toben sie: »Tod, Tod, Tod, steiniget den Mörder.«

»Das Volk spricht«, sagt der Ankläger. »Ihr hört es, Richter! Ich beantrage in Übereinstimmung mit dem Volk, dessen Rufe ihr ja vernommen habt: Tod durch Steinigung.«

Nie habe ich solchen Beifall im Theater erzielt wie mit meinem Todesurteil. Das Spiel geht zu Ende. Meine einzige erfolgreiche Tragödie ist mein verpfuschtes Leben ...

»Sag, welche Strafe du für angemessen hältst, Anytos.«

»O Mitbürger und weise Richter, ich habe nach bestem Wissen und Gewissen gehandelt, denn ein weiser Schüler des Sokrates hat mir erklärt, daß ich klüger sei als dieser, und in meiner Überheblichkeit und, ich gebe es zu, Verwirrung und, sagen wir nur frei heraus, Dummheit, neidete ich Narr dem Weisen seinen Ruhm und meinte, mich selbst an seine Stelle setzen zu können. Da ich Staatsmann war, dachte ich, den Staat weiser lenken zu können als er. Ihr alle solltet merken, welch ein

Born der Gescheitheit ich war. So habt ihr mich wohl mit Recht der Verleumdung schuldig befunden. Totschlag solltet ihr es nicht nennen, Beitrag zum Tode eines Unschuldigen allenfalls. Ich bedauere meine Schuld aufs tiefste, doch kann ich, den Göttern sei's geklagt, dem Sokrates das Leben nicht zurückgeben. Ich bitte um ein mildes Urteil und beantrage, mich für zehn Jahre aus meiner Vaterstadt zu verbannen und mir, wie es dem geziemt, der falsche Anklage erhoben hat, tausend Drachmen als Buße aufzuerlegen.«

Stille antwortet ihm.

Nun tritt Lykon an:

»Ich gestehe, daß ich schuldig bin, denn ich ließ mich von Anytos verleiten, gegen Sokrates Klage zu erheben, von diesem unglückseligen Anytos, diesem jämmerlichen Menschen, der so überheblich war, daß er in Sokrates seinen Konkurrenten sehen wollte! Ich übte bloß meinen Beruf als Rechtsanwalt aus, als solcher erhielt ich Bezahlung dafür, daß ich, gemeinsam mit dem Dichterling Meletos, die Klage ausarbeitete. Wenn ich den Gerechtesten angeklagt habe, handelte ich nicht aus Bosheit, sondern befand mich im Irrtum. Ich flehe euch um ein mildes Urteil an, legt mir eine Geldstrafe auf, seien es selbst zehn Minen, sehr viel für einen bescheidenen Mann, der von seiner Tätigkeit lebt.«

»Zu billig willst du dich freikaufen, mehr ist das Leben eines Sokrates wert«, ruft einer, der sonst so stille Kriton.

Nun werden die Ankläger befragt, welche Strafe sie beantragen. Wieder ist es Kriton, der sich erhebt, noch zögert, dann beinahe leise sagt: »Die angemessene Strafe ist der Tod, für alle drei.«

Polyeuktes betritt die Tribüne.

»Meletos, als Hauptkläger des Sokrates, demnach Hauptschuldiger an seinem Tode, als bestechlicher Mann und als Mörder lautet dein Urteil: Tod durch Steinigung.«

Als ob ich's nicht gewußt hätte ... Ich fühle mit einem Male gar nichts mehr, als ob alles in mir und an mir bereits gestorben wäre. Und dann wieder brennen die Wunden von gestern, als seien sie ganz frisch. Ohnmächtig darf ich nicht umfallen, das wäre eines Mannes unwürdig ...

Ich setze mich gesenkten Hauptes. Geht mich das alles noch an? Meine Sache ist zu Ende.

Höre ich einen Schrei? Ich stehe auf, suche mit den Augen Alkestis. Dort liegt meine Frau, sie heben sie auf. Alkestis schreit und schreit. Ach Meletos, mein armer Junge, der du mit dem Namen deines Vaters gezeichnet bist ... Er trägt die Mutter mit anderen fort.

»Anytos«, ruft Polyeuktes. Anytos steht auf. »Du hast den besten Mann Athens verleumdet. Männer bestochen, um gegen ihn aufzutreten, du hast ihn, wenn auch indirekt, gemordet ...«

»Du hast das Urteil gegen ihn ausgesprochen!«

»Ich war der Mund des verführten Volkes«, berichtigt Polyeuktes, mit der Ruhe dessen, dem nichts geschehen kann. »Du, Anytos, hast den Tod des Sokrates verursacht. Aus besonderer Gnade verurteilt dich das Gericht zur ewigen Verbannung aus Athen und zum Verfall deines Vermögens an die Staatskasse. Das schließt deine unbeweglichen Güter, Häuser und Landbesitz mit ein.«

»Wovon sollen meine unglücklichen Kinder leben?« Anytos ist in Tränen aufgelöst. »Laßt Gnade walten! Ich bereue meine Taten, rettet meine Kinder!«

Polyeuktes ruft Lykon auf.

»Du hast deinen Beruf schlecht ausgeübt, gegen das Recht, statt für das Recht, dem du dienen solltest. Sei zehn Jahre aus Athen verbannt und zahle tausend Drachmen als Geldbuße.«

Wie es üblich ist, bitten wir um nochmalige Überlegung und Gnade, also Strafmilderung.

Die Richter ziehen sich wieder zurück. Mag sein, daß sich in Polyeuktes jetzt das Gewissen regt und er ein gutes Wort für uns einlegt. Götter, steht mir bei, um meiner Alkestis und der Kinder willen! Pallas Athene, an dich habe ich geglaubt, für dich habe ich gekämpft, hilf mir! Dionysos, für dich, zu deiner Ehre habe ich zwei Tragödien gedichtet, hilf mir!

Die Richter sind wieder an ihren Plätzen.

»Wir haben«, beginnt Polyeuktes, »beschlossen, Milde walten zu lassen, denn gerade Sokrates hat Milde und Gerechtigkeit empfohlen. So wollen wir dich, Meletos, auf die sanfte Art, die deinem Opfer beschieden war, sterben lassen: du darfst den schmerzlos einschläfernden Schierlingsbecher leeren.«

Ich möchte schreien und weinen, ich habe keine Tränen. Gehört es sich zu danken? Nein, es ist ein ungerechtes Urteil, denn ich tat recht daran, die Gefahr, die diese Schule des Sokrates darstellte, von Athen abwenden zu wollen. Es war zu spät, ich habe sie nicht abgewendet, deshalb stehe ich vor dem Eingang der Unterwelt.

»Anytos, deine Verbannung bleibt aufrecht, du bist nicht würdig, in unserer Stadt zu leben. Aus Mitleid mit deinen Kindern sei ihnen dein Haus in Athen belassen. Deine Güter außerhalb der Stadt, dein bewegliches Vermögen gehören dem Staat, den du geschändet und geschädigt hast.«

»Ich muß euch danken«, ruft der Heuchler aus. »Dank eines armen und ruinierten Mannes. Nie mehr den heiligen Boden der Vaterstadt betreten, all mein Hab und Gut verlieren, welch grausames Geschick!«

»Lykon, dir sind fünf Jahre Verbannung beschieden. Natürlich darfst du ebensolange deinen Beruf nicht ausüben.«

»Danke für die Gnade.«

Warum wird alles Elend über mein Haupt geschüttet?

Ich werde abgeführt. Häscher schützen mich, oder auch nicht. Niemand beachtet mich, doch, da stehen Gaffer mit offenen Mäulern …

Wie werde ich das Schicksal ertragen?

Alkestis ... wenn ich sie sehen dürfte!

Darf mich jemand im Kerker besuchen, wie den Sokrates?

Ich werde nicht so erbauliche Reden halten wie er. Platon und Xenophon, just diejenigen, die nicht in seinem Kerker anwesend waren, haben daraus Anklageschriften gegen mich gemacht! Hat nicht Platon die ganze Verteidigungsrede des Sokrates erdichtet? Denn gehört haben kann er sie nicht!

Ich gehe, fühle die Steine unter meinen Füßen.

Eine Tür, nein, ein Tor ... der Kerker.

Sie führen mich in eine andere Zelle.

»Warum diese Zelle?«

»Es ist die eines zum Tode Verurteilten.«

Sie ist geräumiger und sauberer als die bisherige, die für einen Lebenden bestimmte.

II

Kerkerluft. Sie ist dumpfig. Ich rieche mich selbst, meine Ausscheidungen. Meine Welt ist nur noch dieser Kerker. Nie mehr werde ich durch die Propyläen gehen, nie mehr von der Akropolis auf den Hymettos schauen und gegen den Piräus, das ferne Meer und Salamis. Irgendwo über mir ist blauer Himmel, nur durch ein Dach von mir getrennt und doch so weit, so unendlich fern.

Vor siebenunddreißig Jahren wurde ich geboren. Unendlich lang ist man auf der Welt, man ist immer dagewesen, kann sich die Welt nicht vorstellen ohne sich. Wird sie noch existieren, wenn ich sie nicht mehr sehe?

Ich bin jung. Nein, ich bin uralt. Ich werde nicht mehr lange leben, kann nicht mehr planen, kann nichts mehr schaffen und leisten. Ich bin mit einem Schlage uralt. Ich lebe nur noch heute und morgen; übermorgen geht alles zu Ende.

Der Kerkermeister kommt, der Schlüssel dreht sich im Schloß.

Er bringt mir Brot und Wasser.

Sokrates durfte siebzig Jahre leben, da kann man abgeklärte, weise Reden halten.

Doch was habe ich getan, was hinterlasse ich?

Kinder ... Meiner Liebsten habe ich Kinder gemacht. Mit Sorge belaste ich sie.

Ich fürchte den Tod, mich schmerzt der Abschied vom Leben. Ist es denn so schön?

Wunderbar ist es, das größte aller Wunder. In Alkestis' Armen, in Theodotes Armen ...

Unverantwortlich, daß mein Ältester Meletos heißt und ein Leben lang mit dem verfluchten Namen belastet sein wird. Auch ich bin eines Meletos Sohn. Mein Vater Meletos war ein braver Staatsbeamter, durfte sich Freund des großen Perikles nennen und ist auf dem Felde gefallen. Vielleicht haben sie dank meines Vaters Namen meine Stücke im Theater des Dionysos aufgeführt. Warum mache ich mich klein? Warum fühle ich mich klein? Wer sterben wird, ist bedeutsam. Ich bin zu Heldenmut verpflichtet!

Wozu aber sollte ich weiterleben, wenn ich

nicht mehr dichten kann? Meine Tragödien sind verworfen, ich bin ein durchgefallener Autor. Da ist es besser, von der Bühne abzutreten …

Lahmer Trost, verlogene Ausrede! Ich möchte so gerne leben, ich möchte Alkestis in meinen Armen halten!

Vor dem Sterben brauche ich mich nicht zu ängstigen, es wird mir leicht gemacht, das Nicht-Sein, aber … »Lieber des ärmsten Mannes Knecht im Lichte der Sonne als König im Reiche der Schatten«, läßt Homer den toten Achilleus sagen.

Es heißt, ein Sterbender lebe im letzten Augenblick sein ganzes Dasein noch einmal, alles kehre wieder, rasch, summarisch.

Ich liege hier im Sterben, also möge mein Leben vorübergleiten …

Sieht ein Sterbender die Zukunft? Sokrates sagte dem Sohne des Anytos ein böses Ende voraus. Er ist in der Tat ein verkommener Säufer. Meinen Kindern hat niemand geflucht, Dank den Göttern, falls sie existieren!

Platon hat mich hierhergebracht, der Bursche schreibt zu gut. Seine Darstellung des Sokrates! Hat er ihn nicht erfunden? Schildert er den wirklichen Menschen? Die Verteidigungsrede des Sokrates habe ich ja gehört. Platon hat sie nachgeschrieben, verschönt. Meine Anklage und meine Antworten auf Sokrates' Fragen hat er unterschlagen! Der alte Schwätzer war kein guter Redner, außer in seiner letzten Ansprache. Die Stimme war etwas hoch und heiser, vielleicht mußte er deshalb seine Hebammenkunst erfinden, den anderen sagen lassen, was er selbst ausdrücken wollte?

Ich, Meletos, Sohn des Meletos ... meine Anklagerede ...

Die verrinnenden Stunden.

Amtsschreiber war Vater. Er bewunderte Perikles, den großen Staatsmann und Erzieher der Menschen. Sokrates hat die Lehre des Perikles verfälscht. Dabei sollen sie gemeinsam zur Schule gegangen sein.

Treu hing Vater der Demokratie an. Er hat mich sie lieben gelehrt. Er hat mich zur Schule geschickt. Einen Paidagogen konnte sich der bescheidene Staatsbeamte nicht leisten. Wir gehörten nicht zu den Sklavenhaltern.

Wenn wir aus der Schule kamen, wo uns der Lehrer die Buchstaben mit dem Stabe auf den Hintern schrieb, wenn wir Fehler machten, trafen wir hie und da den komischen Alten. Damals kann er nicht so alt gewesen sein, doch er sah immer alt aus. Sein Bart war grau und ungepflegt, seine Glatze von Grauhaar gesäumt. Der Kahlkopf leuchtete. »Ein Licht der Weisheit«, sagten wir, denn wir wußten, welchen Ruf er genoß. Seine Kleidung sah vernachlässigt aus, meist ging er barfuß durch die Gassen, wie ein Sklave. Er hatte fette Arme und Beine, nein, sie waren nicht fett: die starken Muskeln ragten wie Bündel hervor. Er hatte einen Bauch und war kurzgewachsen.

»Silenos«, riefen wir ihm nach und freuten uns diebisch, wenn er sich ärgerte.

Die meisten meiner Mitschüler kamen aus wenig bemittelten Familien, sie waren nicht eigentlich Arme, sonst hätten die Väter uns nicht zum Unterricht schicken können. Instinktiv haßten wir die eleganten Jünglinge, die Sokrates meist begleiteten. Beneideten wir sie, weil wir ahnten, daß es uns nicht so gut gehen werde wie ihnen?

Er lehrt, er ist weise, sagte man.

Als wir ihn einmal allein durch die Gassen schlendern sahen, sprachen wir ihn an und baten ihn spöttisch, uns arme Schlucker seiner Weisheit teilhaftig werden zu lassen. Er lächelte zunächst freundlich, wie manche Alten Jugendliche anzulächeln pflegen. Dann fragte er: »Was ist Tugend?«

Was antworten? Stumm liefen wir neben ihm her. Endlich wagte ein Frechdachs zu sagen: »Brav lernen und die Prügel des Schulmeisters klaglos ertragen.«

»Recht so«, lobte der Alte und suchte sich aus dem Staube zu machen.

»Das also ist Weisheit? Und sonst nichts?« riefen wir ihm nach.

Es waren keine guten Jahre, die in der Schule.

Der Schlimmste der Klasse war unser Anführer, ein Junge von brutaler Körperkraft. Wer in der Achtung der Mitschüler aufsteigen, ihm also den Rang streitig machen wollte, wurde verprügelt. Im Kampf gegen andere Gruppen von Jungen, gegen einige, die besser gekleidet waren als wir, und auch mit solchen, die zu den Armen gehörten und die wir für schmutzig hielten, tat er sich stets hervor, da waren wir stolz auf ihn!

Wieder einmal begegneten wir Sokrates. Der Recke vertrat ihm den Weg und sagte: »Prügel sind also heilsam.«

»Wenn richtig angewendet.«

Da versetzte er dem Alten eine Ohrfeige, wurde aber rot wie ein Krebs und wollte davonlaufen.

»Komm her, jugendlicher Held!« Sokrates hatte Autorität, man mußte ihm gehorchen. Der Junge blieb wie angewurzelt stehen und wurde blaß. »Ich danke dir, du hast mich klüger gemacht. Ich habe von dir gelernt, daß man niemals weiß, wann man einen Helm tragen sollte.« Dann ging er ruhig weiter.

Wir ließen ihn von da an unbelästigt. Der »Kühne« verlor die Führung unserer Bande, er wurde nicht mehr geschätzt, keiner fürchtete ihn. Ich bewunderte den Greis heimlich. Es gehört viel Selbstbeherrschung dazu, einen Halbstarken, der einem eine körperliche Mißhandlung zugefügt hat, nicht zu verprügeln, wenn man selbst der Stärkere ist. Sokrates war ein alter Athlet und hatte sich im Kriege gegen den Seebund ausgezeichnet; ich zweifle jetzt freilich, ob es just im Kriege gegen den Seebund war. Man sagt, daß sich in der Schlacht bei Potidea der Fußsoldat Sokrates besonders hervortat, durch Mut und Kraft entschied er wohl ein Scharmützel, die Auszeichnung jedoch erhielt ein junger Reiteroffizier, Alkibiades! War das Edelmut, großzügig den Ruhm und Glanz dem jungen Schüler zu überlassen? Oder war einfach nichts dagegen zu machen, daß der Offizier dem Soldaten die Anerkennung stahl und dieser das

Maul halten mußte? Oder wollte Sokrates Alkibiades fördern, weil er einen Mann bewunderte, der so ganz sein Gegenteil schien: jung und hochgewachsen, von einer Schönheit, die Männer und Weiber bestach, ein glänzender Redner mit einer großen und klingenden Stimme? Wollte sich der kleine Mann die Freundschaft des Adligen, des Schönen und Edlen erwerben? War es Großmut, Berechnung oder einfach Hinnehmen der unvermeidlichen Zurücksetzung? Trug Sokrates Schuld an Alkibiades? Er hatte einen Ruf als tapferer Soldat, und er war wirklich ein mutiger Krieger. Kommt es jedoch nicht darauf an, wofür einer kämpft? Das Kriegsziel war dem Alkibiades gleichgültig, wenn er bloß glänzte, wenn er sich hervortat, mochte Athen siegen oder zugrunde gehen!

Sokrates schürte den Hochmut des Alkibiades. Er war der Lehrer des jungen Helden, der suchte, auch ihn zu verführen.

Sokrates war ein Mann, ein ganzer Mann. Das läßt Platon Alkibiades in seinem »Gastmahl« sagen. Verflucht, das ist ein Meisterwerk. Welche Prosa! Da bin ich, den Tod erwartend, und fasele vom künstlerischen Meisterwerk dessen, der mir am meisten geschadet, der mich hierhergebracht hat. Platon rächte seinen Meister. Alkibiades hingegen hat Athen vernichtet. Tapfer in der Schlacht von Potidea, doch war das ein Sieg, der den Anfang vom Ende bedeutete.

Der Peloponnesische Krieg ...

Damals kämpfte Alkibiades für sein, für unser Vaterland, behauptete, daß seine Familie demokratisch sei. Volksfreundliche Aristokraten, gibt es das? Auch Perikles stammte aus einer vornehmen Familie. Unseliger Sieg, denn seine Folge war der Krieg gegen Sparta.

Alkibiades tat sich hervor, hielt große Reden, alle bewunderten ihn! Er veranlaßte die Athener, die mächtigen Freunde Spartas anzugreifen, verführte sie zum Seekrieg gegen Sizilien. Die Seefahrt der Flotte, damit er als Admiral glänzen konnte, gegen das reiche Syrakus, gegen Großgriechenland. Waren es wirklich seine Kumpane, die besoffen und übermütig die Statuen des Gottes Hermes stürzten? Auf solchen Frevel stand Todesstrafe! Kann man es Alkibiades verdenken, daß er, angeklagt, abgesetzt und zurückberufen, diesem Befehl nicht folgte?

Was täte ich nicht alles, um meinem Schicksal zu entgehen?

Daß Alkibiades nicht nach Athen zurückkehrte, kann ich verstehen, recht hatte er, sich diesem wankelmütigen Volke nicht auszuliefern, das einmal meiner Klage stattgab und mich nun deshalb umbringen wird! Doch kann ihm je vergeben werden, daß er den Spartanern seine Dienste anbot? Den Todfeinden im großen Kriege, den Vernichtern unserer Vorherrschaft und unseres Glanzes! Rachsucht? Manche fanden das begreiflich, doch auch wenn man Unrecht erleidet, darf man nicht zum Feinde übergehen. Athen ist der Inbegriff des Hellenentums. Wie konnte Alkibiades gegen Athen kämpfen und dann gar in den Dienst des Perserkönigs treten?

Alkibiades starb durch eine Frau. Wer weiß, ob durch ihre Schuld, jedenfalls in Gegenwart dieses Weibes. Sie lebt noch. Theodote. Sie hatte es mit Sokrates, mit mir, mit Alkibiades, dieses schöne Weib ...

Seine Großmut wurde dem Sokrates heimgezahlt, wenn es Großmut war. In einer späteren Schlacht verkroch sich der verehrte Lehrer, schied aus der Menge und wurde vom einstigen Zögling aufs Pferd genommen zu rascher Flucht auf Umwegen. Hätte er damals sein Leben glorreich im Dienste des Vaterlandes verloren, dann säße ich heute nicht hier!

Mein Vater Meletos war nicht blendend, aber ein kluger Mann aus dem Volke und ein anständiger. Man ist kritisch gegen die Eltern, vielleicht weil man hie und da Hiebe bekam und sie übelnahm. Er war ein getreuer Gefolgsmann des Perikles. Das war die größte Epoche Athens, da war es eben wirklich Athen, Herz und Kopf von Hellas!

Das Theater des Dionysos. Da saß ein Junge mit offenem Mund und noch offeneren Ohren und Augen, hörte Verse und sah das Spiel. Er wollte Dichter werden, der Sohn des bescheidenen Beamten. Die drei Unvergleichlichen, Aischylos, Sophokles, Euripides, verführten ihn.

Als Aischylos 69 Jahre alt war, starb er eines unnatürlichen Todes. Ein Adler hatte eine Schildkröte in den Fängen und ließ sie los, verwechselte die ehrwürdige Dichterglatze mit einem Felsen, wollte den Panzer knacken wie eine Nuß und knackte statt dessen den Schädel. Unnatürlich oder natürlich? Hier Adler und Schildkröte, unwissende Tiere, dort der gewaltige Dichter. Warum hat sich so ein Tier nicht meiner erbarmt, was wäre mir erspart geblieben! Immerhin sind neunundsechzig Jahre ein volles Leben, und dabei hatte Aischylos das Schicksal herausgefordert, Zeus gelästert im größten Dichterwerk seit Homer, der Rede des gefesselten Prometheus!

Sophokles gar durfte neunundachtzig Jahre leben.

Vater bewunderte Perikles, den Großen. Natürlich diente er auch unter Kleon. Der vielgeschmähte Kleon war ein Mann des Volkes, und er führte den Staat zu dessen Wohl nach besten Kräften. Er war offen, ehrlich, hart und unerbittlich, darum haßten ihn die Reichen. Kämpfend für Athen fiel er. Nach seinem Tode kamen sie dann an die Macht, die Schüler des Sokrates, der faule Friede mit Sparta wurde geschlossen. In der Komödie des Aristophanes, des Charakterlosen, ist Kleon der Diener des lächerlichen alten Mannes, der »Demos« heißt! Hat er den Frieden gepredigt in seiner »Lysistrata«? Wie ordinär er da ist, seine Weiber ... Vermutlich liebt Aristophanes die Frauen nicht und versteht daher ihre Geilheit so gut, die Sehnsucht nach dem Manne, die ihren Streik, den Frieden zu erzwingen, um seine Wirkung bringt. Wirkte das Stück? Nikias schloß den Frieden mit Sparta, besiegelte unser Unheil. Aristophanes wünschte diesen Frieden, um die Herrschaft der Aristokraten wiederherzustellen.

Gleich Alkibiades war ich ein Schüler des Sokrates, war, was sie einen Sokratiker nennen. Wollte ich damals auch zur goldenen Jugend gehören, den »edlen Müßiggängern«? Nein, wenn ich mich wirklich zu ihnen gedrängt hätte, wäre mein Schicksal verdient ...

Ich aber war Meletos, Sohn des Meletos, eines treuen Dieners der Republik, Anhängers des großen Perikles und des tapferen Kleon, gefallen im Kampf für Athen in der Schlacht von Amphipolis.

Mutter war eine kluge Frau und schön, blaugrünäugig, eulenäugig, gleich der Stadtbeschirmerin Athene. Vater nannte sie freundlich hänselnd »meine Göttin, meine eulenäugige«. Auch Alkestis hat blaugrüne Augen und schwarzes Haar. Wie ich mich nach ihr sehne, nach der Einziggeliebten!

Mutter erhielt uns nach Vaters Tod, rettete uns, ich konnte weiter lernen. Sie arbeitete. Was? Ich will mich nicht daran erinnern, was böse Zungen raunten, doch die Gedanken lassen sich nicht zügeln. Ich will mich nicht daran erinnern, was ihr boshafte Leute nachsagten, um mich zu kränken. Mutter hätte zur Gruppe der Aspasia gehört, sagten sie. Waren denn diese nicht die einzigen gebildeten Frauen in Hellas? Nicht eingesperrt ins Frauengemach, halb Sklavin und halb Geliebte. Wenn ein Mann eine kluge Frau sprechen wollte, mußte er eine Hetäre aufsuchen. Die anderen waren nur für die Fortpflanzung da und für die Erhaltung der Familie.

Meine Alkestis ist die anständigste, treueste und beste aller Frauen. Immer wieder staune ich, daß sie mich liebt. Meine Athene Alkestis, bald meine Witwe, schrecklich, unausdenkbar!

Sokrates berief sich niemals auf Athene, betete auch niemals zu ihr, denn er hat Arbeit verachtet. Er war ein Müßiggänger, der große Lehrer.

Doch verehrte ich ihn, seit er den frechsten meiner Mitschüler erledigt hatte, ohne ihn zu berühren. Man sagte, daß er der weiseste aller Menschen sei. Er sah aus wie ein recht harmloser Dummkopf. Immer hatten wir die verweichlichten Gecken gehaßt, die ihn umgaben und mit denen wir niemals konkurrieren konnten. Dennoch konnte ich dem Drang, diesem Menschen zu folgen, nicht widerstehen, lief ihm und seiner Schar nach. Hin und wieder blieb er stehen und redete, dann lauschte er, doch mir schien, daß er dem Sprechenden nicht zuhörte. Sein Blick ruhte plötzlich auf mir, ein Blick aus kleinen, tiefliegenden Augen, deren Farbe man niemals genau bestimmen konnte.

Nie ist man sich der Veränderung, die mit einem vorgeht, recht bewußt. Ich war gewachsen und nun selbst schon etwas größer als Sokrates, dennoch fühlte ich mich vor ihm wie ein unreifer, dummer Junge vor dem Prüfer, denn prüfend ruhte sein freundlicher Blick auf mir.

»Wer bist du?« fragte er plötzlich. Ich erschrak wie ein kleiner Knirps.

»Meletos, Sohn des Meletos.«

»Ich kenne dich, woher? Gehörtest du nicht zu den Straßenjungen? Vergessen wir das. Meletos, Meletos, das ist doch ein Beamter …«

»War«, sagte ich, »er ist in der Schlacht von Amphipolis gefallen – ich war noch ein Kind.«

»So, so, viele Opfer hat der Kampf gefordert«, sagte Sokrates. »Perikles war schuld an diesem unseligen Krieg, hat uns gegen Sparta gehetzt ...«

»Er mußte Hellas schützen, mein Vater hat sein Leben für uns, für unsere Kultur hingegeben«, ich mußte Vater verteidigen, »für unsere Demokratie.«

»Was sie Demokratie nennen!«

»Die Herrschaft des Volkes.«

»Ist das Volk dazu berufen?«

»Wer denn, Tyrannen vielleicht?« Haßte ich Sokrates schon damals, oder sehe ich heute alles anders?

»Die Besten sollten das Land und seine Geschicke leiten, die Weisen, die richtig Erzogenen. Was willst du werden, junger Mann?« lenkte Sokrates ein.

»Ich möchte meiner Mutter helfen. Ich muß Geld verdienen.«

»Perikles«, sagte Sokrates, »hat die Athener in ein faules, feiges, geschwätziges und geldgieriges Volk verwandelt. Dein Vater hat gewiß nicht an Geld gedacht, als er für Attika kämpfte. Ich auch nicht. Auch ich habe gekämpft.«

Natürlich ließ ich mich verführen, aus Eitelkeit. Ist nicht jeder junge Mensch eitel? Der alte Sokrates, der Weise, nahm mich gewissermaßen auf unter seine Schüler. Er gestattete mir, mitzulaufen mit den »edlen Jünglingen«.

Aufgenommen wurde ich und mitgenommen in ein großes Haus. Das Haus des Sokrates war ein wenig unordentlich, doch bequem. Viel besser als unsere Wohnung, wenn ich's vergleiche. Der dem Geld Abholde lebte recht komfortabel. Ich war geblendet, hielt es für ehrenvoll, mit vornehmen Jünglingen beisammen sein zu dürfen. Daß es meine tiefste Erniedrigung war, merkte ich noch nicht. Beurteilt man sich selbst immer falsch?

»Erkenne dich selbst«, zitierte der Alte. Er zitierte, denn er hat seinen Wahlspruch nicht erfunden, sondern von der Aufschrift am Tempel in Delphoi genommen. Vom Tempel des Apollon, versteht sich!

Meine Göttin aber ist Athene, meine Heimat ist Athen!

Da saß ich unter den reichen Jungen, durfte Platz nehmen, demütig. Demut ist schändliches Aufgeben des eigenen Ich, ist Erniedrigung.

Lehrte uns Sokrates Demut oder Überheblichkeit? Er wollte die Gegensätze, die in allem existieren, nicht anerkennen. Alles sollte vorbestimmt oder vorgebildet sein in der Seele des Menschen.

Sokrates fragte mich: »Was willst du werden, junger Mann?«

»Einer deiner Schüler«, sagte ich töricht. Freilich benutzt man gern berühmte Namen als Legitimation des eigenen Wissens und der eigenen Weisheit. Warum aber sagte ich nicht, was ich damals bereits wußte: Ein Künstler will ich werden, einer, der seine eigene Welt schafft und dennoch der Wirklichkeit bleibt, sie in neue, eigene Form gegossen wiedergibt.

Kunst. Ein Künstler war Sokrates nicht, im Grunde genommen verabscheute er die Kunst, die ihn sein Vater gelehrt hatte, obwohl er behauptete, gleich diesem, Menschengestalten aus dem rohen Stoff, in dem sie bereits enthalten sind, zu befreien, bloß eben nicht mit dem Meißel aus hartem Marmor oder Stein, sondern mit dem Wort aus dem Wirrsal der Seele die Tugend herauszuholen. »Tugend ist Wissen«, sagte er und meinte damit, daß die Tugend in jedem von uns vorbestimmt vorhanden sei, als das ewige Sittengesetz, daß man sie jedoch ins Bewußtsein heben müsse.

Antisthenes ist viel gescheiter als Sokrates. Der Schüler verlachte gelegentlich den Meister, der ihn verlachte. Sokrates sah, daß Antisthenes, vielleicht das Gehaben des Weisen nachahmend oder übertreibend, in einem zerrissenen Obergewand herumlief, und spottete: »Aus den Löchern deines Mantels lugt deine Eitelkeit hervor.« Antisthenes aber lehrte mich, heimlich und wenn es der Lehrer nicht hören konnte, daß es keine ewige und unabänderliche Tugend, kein ewiges Sittengesetz gebe. »Die Menschen sind nicht dazu geschaffen, einem göttlichen Sittengesetz zu dienen. Die Sitte, die Ethik ist für die Menschen da, Ethik jawohl, denn Ethos ist der Herd. Man muß zum Wahren des Herdes, zum Heimischsein, zum geordneten und geregelten Zusammenleben immer Gesetze schaffen. Doch Menschen machen die Gesetze, um menschlich zu leben, nämlich eine Gemeinschaft bilden zu können. Die Ethik muß den Menschen dienen, nicht die Menschen der Ethik. Und was diese Goldsöhnchen hier Ethik nennen, ist Bewahren dessen, was ihnen angenehm und nützlich ist.«

»Warum lehrt das der Weise?«

»Er sagt es nicht, doch es läuft darauf hinaus.«

Nannte er Sokrates einen Heuchler? fragte ich mich im geheimen und wagte nicht, das auszusprechen.

Da kommt der Kerkermeister, mein Herr und Meister ... wie tief man sinken kann!

»Herr Meletos«, sagt er.

»Ich bin niemandes Herr«, sage ich.

»Und ich bin ein Freigelassener ...« Also ist er ein Sklave gewesen.

»Gegen ein kleines Trinkgeld kann ich dir besseres Essen bringen, denn der Staat gibt dir bloß Wasser und Brot und allenfalls eine Bohnensuppe.«

»Ich habe kein Geld.«

»Vielleicht einer deiner Freunde?«

»Habe ich Freunde? Und wie kann ich mich mit ihnen in Verbindung setzen?«

»Einige wenige Besucher darfst du sehen.«

»Dann hoffe ich, meine Frau!«

»Dein Sohn wird zu dir kommen.«

»Welcher?« Alberne Frage, natürlich Meletos, mein ältester, der zweite ist noch ein Kind.

»Wann?«

»Bald ...«

»Weißt du, wer noch kommen darf oder kommen wird?«

»Mir sagt man ja nichts, ich lebe selbst im Gefängnis und komme wenig hinaus.«

Unendlich langsam versickern Kerkerstunden, und dennoch vergehen die letzten Stunden meines Erdendaseins so schnell. Was ist die Wirklichkeit? Nachdenken zum Zeitvertreib! Muß ich die geringe Zeit, die mir noch beschieden ist, vertreiben, als sei sie mir lästig?

Da kommt mein Zeremonienmeister schon wieder.

»Ich bringe dir Brot und Wasser und ein paar Oliven«, sagt er. »Iß, bald kommt dein Sohn.«

Und wirklich füttere ich meinen Kadaver überflüssigerweise, als ob ich ihn damit am Leben erhalten könnte.

Endlich klopft es wieder, der Schlüssel dreht sich im Schloß. Das muß Meletos sein.

1. DIALOG

Ein schöner Junge ist er, groß und wohlgebildet. Sie sagen, daß er mein getreues Abbild sei. Kann man sich selbst schön finden? Ich bin kein eitler Alkibiades, keiner, der von seiner Schönheit und für seine Schönheit lebt. Man sagt, daß Alkibiades an seiner Schönheit gestorben sei. Viele Frauen spielten in seinem Leben eine Rolle, und eine war mit ihm am Ende, Theodote.

Schön ist dieser Meletos, der noch lebende, der noch leben darf. Was soll ich ihm sagen? Ich bin gehemmt, und auch er findet keine Worte.

»Mein Sohn«, nichts fällt mir ein.

»Vater ...«, er kann nicht weitersprechen, schluchzt.

»Sei ein Mann, mein liebes, liebes Kind ... Du bist ja abgemagert ...«

»In deinem Bart sehe ich graue Fäden.«

»Du bist von nun an der Mann der Familie.«

»Ich werde arbeiten.«

»Du solltest vor allem lernen.«

Ich bin ein schlechter Vater, ich lebte meinem Werk, meinen Geisteskindern, und habe nicht für Meletos und seine Geschwister gesorgt. Der Fünfzehnjährige soll arbeiten!

»Mit Schande habe ich meinen Namen beladen und damit auch euch. Immer wird euch anhaften, daß ihr die Kinder eines Bösewichts seid. Oh, wie wankelmütig ist das Volk!«

»Verfluchte Athener.« Haß sprüht aus den Augen des Jungen.

»Das nicht, mein Sohn, das verbiete ich dir. Bleibe immer stolz darauf, ein Athener zu sein.«

»Athener haben dich verurteilt! Sie sind unfähig zu denken, ich hasse sie.«

»Gewiß denken sie oft falsch. Immerhin denken sie, während die Spartaner bloß gehorchen.«

»Hast du mir nicht erklärt, daß ich meinem Lehrer gehorchen muß?« Er trachtet zu lächeln, es wird eine schmerzliche Grimasse daraus.

»Es kommt darauf an, wem man gehorcht.«

»Und wenn ich meinem Lehrer gehorche in der Hoffnung, dereinst lehren zu dürfen und besser als er ...«

Ich schließe ihn in die Arme. »Dann bist du mein Sohn, und wenn du vermagst, die Wirklichkeit zu erkennen und zu lehren, mitzuteilen, was du erkannt hast, übertriffst du mich. Dann habe ich vielleicht nicht ganz vergeblich gelebt.«

»Ich werde der Mutter beistehen und sehen, daß die Geschwister etwas lernen.«

»Du mußt zu ergründen suchen, wie die Welt beschaffen ist. Sokrates hat gelehrt: Werde, der du bist! Doch ich meine nicht das Versenken in eigene Tiefe, in das, was sie Seele nennen. Lerne vor allem, möglichst viel von der Wirklichkeit zu verstehen.«

»Ich muß arbeiten.«

»Wohl gesagt, Meletos, schaffend lernt man die Wirklichkeit kennen. Doch vergiß nicht, daß man studieren muß, um wirken zu können.«

»Mut braucht man, Vater. Wie bewundere ich deinen Mut!«

Seine Tränen schießen und meine Tränen des Glücks, solche Worte aus dem Munde meines Sohnes zu hören.

»Ich bin nichts wert«, höre ich mich sagen. Lüge ich, mime ich Bescheidenheit? Heuchelt man noch im Sterben? Bleibt man Schauspieler bis zum letzten Atemzug?

»Du bist ein großer Mann, einmal werden das sogar die unseligen Athener erkennen ...«

»Sprich nie gegen Athen, die unvergleichliche Stadt.«

»Sie bringt dich um, weil du die Schuld des Sokrates bewiesen hast.« Mein Sohn glaubt an mich, einer in der Welt glaubt mir! Welch ein Glück, gerade mein Sohn, der mich tagtäglich im Hause sah mit allen meinen Schwächen und Fehlern. Kinder sind doch die strengsten Kritiker!

»Und wenn die Richter, die den Sokrates zum Tode verurteilt haben, gerecht waren, warum sollten die Richter, die mich verdammen, nicht als Gerechte dastehen vor der Nachwelt?«

»Die Wahrheit muß an den Tag!«

»Es kommt darauf an, welcher Partei der angehört, der berichtet. Platon und Xenophon sind Sokratiker.«

Ich darf den Jungen nicht verwirren, ich muß ihn trösten, ablenken. »Wir Athener haben Hellas durch die Seeschlacht von Salamis gerettet, und dennoch wurde Themistokles später aus der Stadt gejagt, verbannt. Und die Spartaner, die sich in den Thermopylen opferten, ohne die Perser aufhalten zu können, ernteten unsterblichen Ruhm ...«

»Auch du hast deine Pflicht erfüllt, heldenhaft hast du gezeigt, wie man für die Überzeugung einsteht!«

Ohne sein Pathos zu rügen, sage ich: »Ich will deinen jungen Geist nicht mit Zweifeln belasten. Aber ich will dir trotzdem raten: Glaube nicht blind!«

»Dann frage ich: Warum waren die Götter so ungerecht und ließen die Lakedaimonier siegen? Wenn Athen den großen Krieg gewonnen hätte, würde Einsicht herrschen, und man müßte dich feiern ...«

»Kind, du redest im Fieber!«

»Warum haben die Lakedaimonier gesiegt?«

»Durch Verrat, durch den Frieden, den Nikias schloß, da sie bereits verloren waren. Und weil sie blind an die Götter glauben. Das lieben die Götter,

zu erleben, ohne Gewalt anzuwenden? Menschen zwingen ohne Zwang – ist das nicht noch ein Hund, der sich in den Schwanz beißt?

»Könige und Tyrannen sind mächtig, weil sie Geld erpressen können«, sagt Meletos der Jüngere.

»Nicht bloß sie. Wer Geld hat, will mehr haben, und er will es behalten. Manche besitzen es in großen Mengen und verleihen es, um Zinsen einzuheimsen. Sie wissen oft nicht einmal, wozu sie es brauchen. Sie wollen nur mehr, immer mehr. Perikles, der Autokrator, strebte niemals nach Geld, und sie bezeichneten ihn als Tyrannen, weil er sie nicht frei und ungehemmt verdienen ließ. Besitz, Besitz von Häusern, von Ländereien, von Vieh und von Sklaven. Macht erzeugt den ärgsten aller Räusche! Sokrates sagte, daß die Demokratie zur Herrschaft des Geldes führe. Er wollte kein Geld für seine Tätigkeit annehmen. Seine Schüler aber förderten die Interessen Spartas. Waren sie bestochen? Oder wahrten sie die Interessen ihrer eigenen Klasse? Und die Richter, die mich verurteilten? Sie wichen der Macht Spartas! Macht reißt mit, selbst derjenige, der sie haßt, kriecht vor ihr. Wer die blinde Macht bekämpfen will, muß sehende Macht üben. Keiner entgeht der Macht, solange er lebt. Suche nicht, ein Mächtiger zu werden, doch beuge dich nicht, bewahre deinen Stolz.«

»Was haben die Spartaner von ihrer Macht, wenn sie keinerlei Luxus kennen, auch keinen Besitz. Niemand ist dort reich.«

»Sie versagen sich jeden Genuß, außer dem der

Macht. Sie dienen, sie turnen, sie exerzieren und laufen, kennen alle Waffen, sind wachsam und schlau. Sie sprechen wenig, schwatzen niemals ins Leere, sie loben Freundschaft, Liebe zwischen Männern, wie Achilleus und Patroklos, Frauen sind ihnen Maschinen, um Nachkommen zu gebären, das Volk zu erhalten, denn die Kinder gehören dem Volk, nicht den Eltern. Nach Kriegsruhm streben sie. Dem großen Homer danken Trojaner und Achäer, daß ihrer gedacht wird, und nur durch uns sind die Spartaner unsterblich.«

»Warum müssen die Spartaner siegen, warum müssen sie herrschen ...?«

»Aus Angst. Weil sie Angst haben, müssen sie Angst erzeugen, andere einschüchtern, ihre Knechte, Perioken und Heloten. Perioken und Heloten sind Hellenen. Die Dorer kamen aus dem Norden, hellhäutig und blond, sie überfielen einst die Achäer, die Eingeborenen. Die Herren von Mykenai und Argos wurden zu Perioken, zu Außenseitern in ihrem eigenen Land, und viele wurden Sklaven, die Heloten. Wenn die Lakedaimonier, die Herren, fanden, daß ihrer zu viele wurden, daß sie sich erheben, sie bedrohen konnten, veranstalteten sie Menschenjagden. Da konnten sich die Jungen gegen Wehrlose in der Kriegskunst üben! Und dafür, oder gerade darum, müssen ihnen die Heloten noch dienen und sie ernähren, da sie selbst ja fruchtbare Arbeit verachten. Lernst du das nicht in der Schule?«

»Nein, unsere Lehrer sind Feiglinge. Man spricht nicht von unseren Niederlagen.«

»Sparta ist stets gerüstet, und uns Athener haben sie von innen her verdorben. Die Oligarchen, die wenigen, die sich für berufen halten, das Land zu lenken, damit es ihren Interessen dient, haben unseren Widerstand gebrochen. Jahrelang haben die dreißig Tyrannen geherrscht, die uns ausgebeutet und verdorben haben. Nur Perikles hat aus Athen gemacht, was es trotz unserer Niederlagen immer noch ist, die Stadt, in der Schönheit herrscht, die Schönheit und Klarheit des Geistes. Doch wir sind versklavt, auch wir werden zu Heloten, das ist das Werk des Kritias.«

»Das war wohl einer jener dreißig?«

»Er war ihr Führer und Anführer. Auch das lehren sie euch nicht? Auch das verschweigen sie bereits? Fürwahr, die tapferen Perserbesieger sind klein und ängstlich geworden. Sie wagen nicht mehr, die Wahrheit über sich selbst zu sagen. Nach dem schmählichen Friedensschluß waren die Freunde der Spartaner obenauf, diejenigen, welche heimlich für sie gewirkt hatten, die es vorzogen, reich zu bleiben unter den kalten Zerstörern und Eroberern, als in der höchsten Kultur zu leben. Ein Mann hatte uns groß gemacht, doch rühmte sich Perikles nicht, er wußte, daß er Phidias den Glanz verdankte, ihm und Sophokles und seinem Freunde Euripides. Männer, die Kunstwerke zu schaffen vermochten, weil die Athener damals noch stark waren und dem Schicksal ins Antlitz sahen, ihm trotzten angesichts des Todes ...« Es verschlägt mir wieder die Stimme, ich lebe im Angesicht des Todes, und ich schwätze ... »Die

Eigensüchtigen wollten uns damals einreden, man müsse uns von der ›Tyrannei‹ befreien. Sie meinten, von der Herrschaft des Volkes, aber sie sagten: ›vom Tyrannen Perikles‹ und erst recht ›vom Gerber Kleon‹. Geld hatten sie, und Geld wird zur Macht, und die Macht verschafft den Mächtigen noch mehr Geld. Wer den verfluchten Zauberkreis zu brechen sucht, geht zugrunde.« Wie ich, denke ich. Das darf ich vor Meletos nicht sagen, meine Pflicht ist, ihn zu stärken. »Sie lassen einige Leute mitverdienen, und die werden zu Verrätern an der großen Menge. Krieg freilich ist das größte Unglück!

Weh euch, ihr allen Sterblichen verhaßteste
Bewohner Lakedaimons, falschen Rates voll,
der Lüge Meister, Mißgeschick ersinnende,
geschmeidige, unwahrhafte, doppelzüngige
Unholde. Fälschlich ehret euch Hellas Volk.
Denn wessen seid ihr rein? Befleckt nicht Mord auf Mord,
nicht schändlicher Gewinn euch? Sprach nicht anders stets
die Zunge und anders dachte das Verräterherz?
Verderbet!«

»Vater, du bist ein großer Dichter!«

»Leider überschätzt du mich. Die Verse sind von Euripides, der unglücklichen Andromache in den Mund gelegt. Die ›Troerinnen‹ sind eine Bitte um Frieden.«

»Du warst gegen den Frieden mit den Spartanern. Immer wetterst du gegen den faulen Frieden des Nikias.«

»Weil die nur aus Berechnung für den Frieden waren. Uns war ein mächtiger Bundesgenosse erstanden. Die Heloten, die versklavten wahren Achäer, hatten sich erhoben und die Macht der wenigen, die Sparta beherrschen, bedroht. Da fürchteten unsere Reichen, daß wir siegen könnten, daß die Demokratie sich glanzvoll bewähre. Nikias schloß eilig Frieden, und die dreißig Tyrannen brachten jeden um, der nach Freiheit und Volksherrschaft roch. Das geschah unter Führung von Kritias, und Kritias war ein Geschöpf des Sokrates! So waren die Spartaner gerettet, konnten wieder die Nachkommen der Achäer unterdrücken und knechten.«

Eine herrliche Stunde! Wahres Leben, vielleicht gar Fortleben. Wie eitel ich noch bin angesichts des Endes. Wie wird *er* weiterleben, fortleben? »Du mußt lernen, mein Sohn, viel und vieles noch.«

»Ich muß arbeiten, Vater. Ich werde der Mutter helfen, sie zersticht ihre schönen Hände, ihre zarten Finger mit Handarbeit. Ich werde der kleinen Arete helfen, meinem Schwesterchen, und meinem Bruder. Ich werde arbeiten bei dem Lederfabrikanten und Schuhmacher Narkissos.«

»Mein Sohn, ein Lederarbeiter und Schuster ...«

»Schuhe werden immer gebraucht. Wer arbeitet, muß in Schuhen gehen, und Riemenzeug ist nötig, um Rosse einzuspannen, aller Verkehr hängt daran, hängt davon ab. Warum sollte ich das verachten?«

»Du mußt zunächst lernen ...«

»Wird Mutter Geld haben? Wie soll sie den Lehrer bezahlen?«

O Götter, was habe ich angestellt, daß ich mein Leben verwirkt habe, meine Kinder ins Unglück bringe! Bald ist es aus ...

»Weißt du, ob mich Mutter besuchen darf?«

»Ja, übermorgen.«

An meinem letzten Tag! »Dank euch, Götter.« Sind die Behörden die Götter, oder die Vertreter der Götter auf dieser Erde? Was werde ich Alkestis sagen können?

Der Kerkermeister klopft, die Zeit ist um.

»Ach, Vater, ich vergaß. Hier, nimm.« Er gibt mir eine Karaffe Wein.

»Ihr leidet Not und ...«

»Wir lieben dich. Mutter sendet dir das und auch das hier.« Honigkuchen, um mir die Stunden zu versüßen. Ist es möglich, daß sie noch nicht vollkommen bitter sind?

»Mutter will mir nicht gestatten, beim Riemenschneider und Schuhmacher zu arbeiten. Bring ihr bei, daß ich arbeiten muß. Hilf mir, damit ich ihr helfen kann!«

Götter, was soll ich tun? Ich will, daß er ein gebildeter Mensch wird, und ich verurteile Alkestis zur Sklavenarbeit, wenn ich ihr das sage. Was soll ich, was kann ich, was werde ich tun?

Nochmals klopft es. Die Stunde schmerzlichen Glücks ist verflossen.

»Leb wohl, mein Sohn. Vor allem lebe, aber lebe richtig, nütze deine Zeit, solange sie dir gegeben ist. Werde glücklicher als dein Vater.«

»Dank, Vater, du bist mehr wert als sie alle, du bist der beste, der einzige, wahre Athener.«

Bis übermorgen früh! Ich bin ein lebender, ein noch lebender Leichnam. »Liebe Athen wie deine Mutter, und liebe sie über alles, Meletos. Liebe sie beide, dein Athen und deine Mutter.«

»Danke Vater, daß du an sie denkst, sogar jetzt ...«

»Geh, ich will nicht sehen, daß man dich hinauswirft.«

»Die Zeit ist um, Freunde«, mahnt der Kerkermeister.

»Laß uns noch einen Tropfen Wein trinken zum Abschied und trinke mit uns!«

Ein paar Züge Wein, einige Tropfen lasse ich auf den Boden fallen, der Göttin zum Opfer, meiner Athene.

III

Auch Sokrates hatte Kinder, als er sterben mußte, so jung wie meine jetzt. Trifft mich also gerechte Strafe? Vielleicht hätte ich an sie denken sollen. Was ist aus den Kindern des Sokrates geworden? Nie habe ich nach ihnen gefragt. Seine Schüler und Nachbeter sind reich. Wer aber wird sich meiner Kinder annehmen?

Meletos wird Schuster durch meine Schuld. Er wird Sandalen anfertigen für Herren und Ritter, denen der Fußsoldat sein Verdienst überläßt.

Diese sonderbare Bescheidenheit hat Sokrates gelehrt.

Der Reiter Alkibiades war klug, geschickt, schändlichschlau. Viel gescheiter, als unserem Volke guttat und auch ihm selbst. Dem hat Sokrates keine Tugend beigebracht. Er hat auch keine aus ihm »entbunden« ... was nicht im Leibe ist, kann keiner aus ihm hervorzaubern. Damals sagte ich das nicht, wie hätte ich mich erfrechen können, obwohl die große Zeit des Alkibiades bereits vorüber war? Erfaßte ich das damals? Gewiß nicht!

Ich, der Meletos, der den Tod erwartet, der gleiche, der vor Freude bebte, als er in die Schar der Sokratiker aufgenommen wurde, als ihm zumindest gestattet wurde mitzulaufen?

Sokrates ließ mich mitlaufen. Er wußte, daß mein Vater ein treuer Anhänger des Perikles gewesen war. So betonte er, daß er mit Perikles in der Schule gesessen hatte. Doch dann nannte er ihn einen Tyrannen.

»Das Volk liebte ihn.« Ich war über meine eigene Keckheit, dem Weisen zu widersprechen, erstaunt.

»Es liebte auch Kleon.«

»Kleon war ein Mann des Volkes, er starb im Kampf für Athen.«

»Sühnt der Tod ein übel verwendetes Leben?«

»Mich fragst du das, einen Ungelehrten, einen, der dir folgt, weil er nichts weiß?« Meine Worte waren feige, denn Kleons Leben war wertvoll gewesen!

»Wie könnte ich dir Wissen beibringen, wenn ich selber weiß, daß ich nichts weiß?« meinte Sokrates. »Lerne nicht Wissen, sondern Weisheit, oder, wie ich es nenne, Weisheitsliebe, denn nur die Sophisten haben die Unverschämtheit, sich Weise zu nennen. Ich kenne bloß das Streben nach Weisheit.«

»Und was verstehst du darunter?« Mir wurde nichts klar. Wenn ich seine Worte später überdachte oder mich heute an sie erinnere, will mir scheinen, daß er mit ihnen eigentlich nichts gesagt hatte.

»Das Sittengesetz zu erkennen, das auch in dir verborgen ist.«

»Ist das Gesetz nicht gegeben?«

»Du sagst es, recht so. Du hast also soeben begonnen, etwas zu gebären, ans Licht zu bringen, ich sehe bereits den Haarschopf des Kindes der Erkenntnis deiner selbst auftauchen.« Die Schüler lachten im Chor, und Sokrates setzte die humorvoll-gütige Miene auf, die alle gefangennahm. »Wer hat das Gesetz gegeben?« fragte er weiter.

»Solon«, erwiderte ich.

»Wir müssen die Gesetze halten, mein junger Freund, aber Solon hat sie nicht erfunden, er konnte sie bloß finden, entdecken, er suchte, der Wahrheit und damit der Weisheit nahezukommen.«

»Was aber ist diese Wahrheit?«

»Das, was in euch steckt, mein Lieber, was ich aus euch herauszuholen trachte, das innere Gesetz, die ewige Gerechtigkeit, denn ohne sie gäbe es keine Ordnung, der Sklave würde sich zum Herrn machen.«

»Und warum muß der Sklave Sklave sein?« fragte ich.

»Weil er als solcher geboren wurde in die bestehende Ordnung hinein, oder weil er als Wilder gegen uns anrannte und gezähmt werden mußte. Dabei geriet er in Gefangenschaft, zu seinem Heil, denn besser ist oder besser scheint mir, gebildeten Hellenen als Sklave zu dienen, als ein freier Barbar zu sein.«

»Weiß der Sklave auch, daß er darüber glücklich sein sollte?« fragte ich dreist.

»Eben weil er das nicht erfaßt, ist er Sklave. Sklave seiner Dummheit, Sklave der Armut seiner Seele.«

»Verurteilt zur Armut?« fragte ich weiter.

»Ist Armut ein Übel? Sehe ich etwa aus wie ein Reicher? Sehe ich aus wie diese jungen Männer hier?« Spottend wies er auf die den Scherz folgsam belachenden Schüler. »Die meinen, daß sie wachsen, wenn sie hohe Absätze an ihren Schuhen haben oder wenn sie auf einem hohen Rosse sitzen.« Sie lachten wieder gehorsam, und jeder schien bemüht, so zu lachen, daß Sokrates just seine Stimme heraushöre. Auch ich schwamm bereits in der Strömung der Lobhudelei für den seine Bescheidenheit und Einfachheit so laut verkündenden Lehrer und wieherte mit.

»Wer ist ein Meister?« fragte ein Schüler.

»Einer, der den Lehrlingen sein Handwerk beibringt«, vermutete ich. Doch das schien nicht die erwartete Antwort zu sein, mein armer Schädel hatte eine Fehlgeburt getan.

»Wir wollen nicht Handwerk üben, sondern Kopfwerk«, lehrte Sokrates und setzte eine vergnügt befriedigte Miene auf, »doch wenn ich mir's überlege, hast du recht, ich suche nach der inneren Moral, und weil ich den Boden abtasten muß, gehe ich barfuß, und weil ich mit dem Kopfe denke, trage ich ihn stets unbedeckt, in Wind und Regen, auch wenn mir die Sonne auf die Glatze brennt.«

»Also darf ich bloßfüßig gehen.« Ich fühlte mich durch seine Worte erlöst, denn bis dahin hatte ich mich meiner Unbeschuhtheit geschämt.

»Eben so gefällst du mir.« Gutmütiges Lächeln verschönte seine Züge.

Wie ich dieses freundliche Lächeln hasse ... in der Erinnerung!

»Und wie kann ich das Lehrgeld entrichten, ich bin arm.« Er hatte mir Mut gemacht, meine Armut herauszukehren und nicht mehr zu verstecken. Ich hatte sie gar nicht verbergen können, wenn ich mir vorstelle, wie anders ich ausgesehen haben muß als die jungen Herren.

»Darüber brauchst du dir nicht den Kopf zu zerbrechen. Ich kenne deine Eltern, und überdies lasse ich mir meine Hilfe, meinen Freundschaftsdienst, niemals bezahlen. Der Geist darf nicht in Gold und Silber umgesetzt werden, Himmlisches nicht in Erdenschmutz. Wenn dieser an meinen Füßen haftet, tut das nichts, strahlt nur das Haupt rein zum Himmel.« Tatsächlich leuchtete sein kahler Schädel in der Sonne.

»Deine Weisheit ist unbezahlbar«, vermerkte einer. Es war, wie ich später wußte, als ich alle mit Namen kennenlernte, Aristippos, und seine Worte schienen den Meister nicht zu entzücken.

»Geburt ist stets Lohn, nichts ist erschütternder und herrlicher als der erste Schrei eines Kindes. Soeben habt ihr einen solchen ersten Schrei vernommen, den der Seele dieses jungen Menschen, unseres neuen Kollegen Meletos. Sollte ich danach fragen, was der Neugeborene zahlt?«

»Arbeit muß entlohnt werden«, ich zitierte Worte meines Vaters.

»Arbeit gewiß, doch ist, was ich tue, Arbeit? Ich bin kein Sklave, kein Handarbeiter, ich forme Seelen.«

»Und das ist keine Arbeit?«

»Willst du mich entbinden, gleich in den ersten Tagen, bei Frauen dauert es doch immerhin neun Monate«, scherzte Sokrates, und wieder lachten alle, seine Erwartung erfüllend. »Muß man für ein Paar Schuhe bezahlen?«

»Sicherlich.«

»Könnte ein Schuster in der Zeit, die er an seine Tätigkeit wendet, nicht etwas anderes tun, um Geld zu verdienen?«

»Vielleicht.«

»Nein, mein Sohn, denn er ist Schuster und versteht, Schuhe zu verfertigen. Wenn hingegen ein Mensch einen anderen liebt, wird er dann nicht gerne seine Zeit mit ihm verbringen, ohne Geld dafür zu erhalten? Liebt dich deine Mutter etwa, um Geld damit zu verdienen?« Wollte er darauf anspielen, daß sie sonst mit Liebe ihren Unterhalt verdienen könnte? Ich glaube kaum.

»Oh, ich habe meine Eltern gewiß viel Geld gekostet, Nahrung und Kleidung und Unterricht ...«

»Nun, siehst du«, sagte Sokrates, »sie verdienen nicht an dir, sie fragen auch nicht danach, ob sie bessere Kleider tragen, feinere Speisen genießen könnten, wenn sie kinderlos wären. Sie geben, aber sie nehmen nichts. Schiene es nicht verächtlich, wenn Eltern ihre Kinder verkauften?« In tiefster Not kommt das gelegentlich vor, Kinder werden in die Sklaverei verkauft. Doch das meinte Sokrates keineswegs. »Wenn du ein Mädchen liebst, liebst du eines? Werde nicht gleich rot, mein Junge. Läßt sie sich dafür zahlen?« Ich hatte noch niemals eines Mädchens Mund mit den Lippen berührt, darum schwieg ich, mich meiner Untüchtigkeit schämend. »Würdest du einem Mädchen einen Kuß bezahlen?«

»Warum denn nicht?« fragte Aristippos unaufgefordert und frech. »Warum denn nicht?«

»Wäre es dann Liebe?« fragte Sokrates wieder.

»Warum nicht, wenn sie davon leben muß?« stellte Aristippos die Gegenfrage.

»Dann ist sie eine Dirne«, erklärte einer der Jünglinge.

»Und was tut das?« Aristippos war älter als die anderen, er war kein Schüler mehr, gehörte einer anderen Generation an. Und er war einer, der arbeiten mußte, um zu essen, kein Müßiggänger.

Ahnte, wußte ich damals von meiner Mutter? Sie war die schönste und beste aller Frauen ...

Aristippos war nicht so stutzerhaft gekleidet wie die anderen. Außer ihm fiel bloß noch Antisthenes, wohl der älteste Sokratiker, aus der Reihe. Er trug plumpe Schuhe an den Füßen, keine graziösen Sandalen, und die linke große Zehe lugte aus einem Loch hervor.

»Du bist eben ein Hurenbock, Aristippos«, sagte einer der Jünglinge.

»Du sagst es«, bekannte dieser lachend.

»Und ekelt dich eine nicht, die schon viele gekannt haben?«

»Warum soll sie keiner kennen? Jeder von euch will berühmt werden, also von vielen gekannt sein, und dennoch liebt ihr einander mehr, als mir appetitlich scheint.«

»Aber wenn schon so viele darinnen waren ...«

»Sag mir, wenn du ein Haus mieten willst, ist dir wichtig, ob viele Leute darinnen gewohnt haben, oder einfach, ob es deinen Bedürfnissen angemessen ist? Und wenn du eine Reise unternimmst und dich einem Schiff anvertrauen mußt, ist dir wichtig, ob viele darauf gereist sind, oder fragst du, ob es seetüchtig ist?«

»Das Haus muß mir zusagen, und auf einem Schiff will ich sicher und bequem reisen.«

»Dann ist auch nicht wichtig, ob die Frau, die dir gefällt, schon mit anderen geschlafen hat.«

»Vielleicht hat Aristippos recht«, mischte sich Sokrates ins Gespräch. »Unverzeihlich ist bloß, wenn sie sich bezahlen läßt, denn das ist Geschäft und nicht Liebe.«

»Fühlt sie sich dadurch anders an?« fragte Aristippos beharrlich weiter. Sokrates würdigte ihn keiner Antwort, hingegen fuhr er fort: »Ist Freundschaft nicht das schönste Gut, das edelste aller Geschenke?«

»Gewiß«, bestätigte der Sprechchor.

»Und was hältst du von einem, der seine Freundschaft feilbietet?«

»Der ist übler als eine Dirne«, erklärte ein Jüngling. Genau erinnere ich mich, wie er aussah, obwohl ich seinen Namen vergessen habe. Er war geschniegelt und zart, doch rundlich. Er ließ sich gern streicheln und küssen und nicht gerade von Frauen.

»Und ist Lehren nicht der größte und wertvollste aller Freundschaftsdienste?« fragte Sokrates.

»Gewiß«, antworteten alle wie aus einem Munde, immer wieder gleich einem Chor im Theater. Wußte ich damals bereits, daß die Bühne mein Schicksal werden sollte, mein unglückliches Geschick?

»Und für diesen Dienst sollte man sich bezahlen lassen?«

»Das tun die Sophisten«, sagte ein folgsamer und gelehriger Sokratiker.

»Man muß von etwas leben«, knurrte Aristippos.

»Bist du auch so einer?« fragte Sokrates. »Gehörst auch du zu denen, die sich ihre Weisheit, falls sie dergleichen besitzen, abkaufen lassen?«

»Sooft ich Käufer finde. Sie sind leider rar, da ich nicht liebevoll umgehe mit meinen Schutzbefohlenen.« Mir gefiel Aristippos. Er schien im ersten Augenblick unsympathisch. Verstand ich damals genau, was da besprochen wurde? Später sollte ich von Aristippos selbst über manches belehrt werden. Mir ist jetzt, als ob ich seine scharfe Stimme hörte: »Lassen sich die Ärzte nicht ihren Dienst bezahlen, denen man alle Gebrechen und Leiden anvertrauen muß?«

»Der Arzt betastet fremde Körper, muß oft brennen und schneiden. Doch das ist Kenntnis, nicht die Weisheit, die wir erwerben wollen. Er arbeitet mit den Händen, es gibt Sklaven, die als Ärzte dienen. Was Sklaven tun können, Handarbeit, ist des freien Mannes unwürdig, ich meine, des wahrhaft freien, des Denkers.«

Kritisierte ich damals bereits, was ich hörte, oder dichte ich die Vergangenheit um, trage ich etwas in sie hinein, das mir erst später aufging? Webt jeder Mensch in sein Leben hinein, was er wahrhaben möchte? Ist die Erinnerung getreu, oder ändert sie? Ändert sie das Geschehene oder bloß das Bild, das geblieben ist?

Ich hätte damals meiner Mutter helfen sollen, statt meine Zeit mit Weisheit zu vergeuden. Oder ich hätte etwas Richtiges lernen sollen: Wissen über Konkretes!

Ich war geblendet von der Ehre, unter den reichen Gecken sitzen zu dürfen, *fast* ihresgleichen. Da befinde ich mich in meiner Zelle und sehe nichts als eine graue Wand und male an sie Bilder. Man phantasiert, wenn man allein ist. Wieviel von jeder Erinnerung ist Phantasie?

Wenn ich bereits über Lethe hinaus wäre, über den Strom des Vergessens, befreit von Angst und Zukunft. Jawohl, man betrauert nicht die Vergangenheit, man trauert um die Zukunft, die man nicht mehr vor sich sieht, und füllt die Gegenwart mit Bildern des Erlebten, des Verlebten, des Vergeudeten vielleicht.

Immer wieder muß ich an Sokrates denken, meinen gemordeten Mörder. Daß ich ihn in den Hades gebracht habe, wird auch mich über das Wasser des Lethe befördern. Brachte wirklich ich ihn um? Rächt er sich? Er warf mir meine Ruhmsucht vor, sagte zu mir: »Nur dadurch, daß du mich ins Jenseits beförderst, wirst du unsterblich. Eine traurige Unsterblichkeit, höchst niederträchtig hängst du dich an meinen Ruhm. Oder tatest du alles bloß, damit dir Anytos dafür Geld gibt?«

Ich war wütend und nun erst recht davon überzeugt, daß es notwendig sei, Athen von ihm zu befreien und von seinen Lehrlingen. War es unabdingbar, hatte Sinn, was ich vollbrachte? War das Land nicht bereits die Übelsten los? Kritias und Alkibiades sind tot, Xenophon wird niemals nach Athen zurückkehren. Die Verderblichsten gerade waren seine Lieblinge, sie und Platon. – Fast scheint es mir Gerechtigkeit, daß just die Ehrlichsten, Antisthenes und Aristippos, noch leben, welche er die Ungetreuen nannte. Niemals haben sie sich in Politik gemischt, wie Alkibiades oder Kritias. Und Platon? Der denkt wohl nicht, um zu handeln, sondern um zu schreiben! Meint er tatsächlich, sein erträumter Staat könnte Wirklichkeit werden? Was käme heraus? Ein neues Sparta! Ist sein Gebilde nicht Sparta nachgeformt?

Und ich? Auch ich habe eingegriffen, was Sokrates anbelangt, am heftigsten von allen. Kann man ihm das Unheil verzeihen, das seine Zöglinge über Athen gebracht haben? Zu viele Tote hat auch der Krieg in Sizilien gefordert!

Dichter wollte ich werden, Meletos, der Unsterbliche, Meletos, der Einzige, der die drei Gewaltigen fortsetzt. Nachfolger des Euripides!

Schon mein erster Lehrer brachte mir Versmaße bei, wir skandierten die komplizierten und kunstvollen Rhythmen der Tragödien. Das scheint mir weise. Es ist ein großartiges Mittel, um das Daraufloschwatzen, das Loslassen billiger großer Phrasen zu verhindern. Geordnet und geregelt soll alles ausgedrückt werden, die Schönheit unserer Sprache wird Musik. Da darf man nicht hemmungslos ins Blitzblaue daherreden, wie in der Philosophie.

Diese Philosophie ist nicht die richtige Weisheit, denn sie ist kein Wissen! Kenntnisse sind wichtig! Die Weisen, die vor Sokrates lebten, suchten zu wissen, die Welt, die Außenwelt zu erkennen und zu erklären. Sokrates verlegte die Weisheit ins Innere. Tat er das? Gelang es ihm? Vielleicht glaubte er selbst daran. Wissen wir denn nicht, was um uns her geschieht? Sehen wir nicht, hören wir nicht, schmecken und riechen wir nicht? Fühlen wir nicht, daß es vieles gibt, außer uns?

»Ich muß essen«, erklärte Aristippos. »Mein Magen knurrt, wenn er nicht gefüllt wird. Da ich Wissen habe, da das mein einziges Gut ist, muß ich davon leben. Nur Reiche dürfen sich den Luxus unfruchtbarer, spielerischer Weisheit leisten.«

Sokrates glaubte an das Orakel, weil es ihn über alle anderen emporhob. Leute, die längst nicht mehr an Götter glauben, sind dennoch abergläubisch. Gelegentlich scheint es, als ob Sokrates nur an einen einzigen Gott glaubte. Das könnte sehr wohl das Schicksal sein, die unabwendbare Moira oder Ananke, der Zwang der Notwendigkeit ... Dann wären die Götter überflüssig. Das sagt übrigens Platon nie, denn er hat keine Lust, das Schicksal seines geliebten Sokrates zu teilen.

Verstand Sokrates unter seinem Daimonion die Stimme des Gewissens? Ist Gewissen nicht bloß Angst vor Strafe? Dann müßte ich gar kein Gewissen mehr haben, da über mich die schwerste Strafe verhängt ist, ich brauche nichts mehr zu fürchten, und dennoch bin ich voll Angst. Angst um meine Kinder, um Alkestis und Angst vor dem Tod!

Nannte er die Stimme der Vernunft, auf die er sich immer berief, Daimonion? Ich bin kein Philosoph, ich bin ein Künstler, und Sokrates verachtete uns!

Alles ist mißglückt. War ich mißraten? Oder war es die Zeit, in die ich hineingeboren wurde?

Schicksal? Bedeutet aber Schicksal nicht Ausflucht? Wir selbst machen das Schicksal, das menschliche und die Menschenwelt. Weh, daß ich sie nicht mehr ändern, nicht bessern kann für meine Kinder ...

Ich schätzte mich glücklich, als die Verse mir gelangen, als sie klangen, ich war in ihrer Wahrheit überzeugt.

Und dann lachte man meine Tragödie des Thersites aus, man pfiff ...

Ich aber wollte Tragödien dichten. Woher nimmt man sie? Ich wollte die Größten befragen. Aischylos war tot, an Sophokles, den Uralten, wagte sich niemand heran, zu erhaben war er, um ihn anzusprechen, er war fern wie die Götter. Euripides traf gelegentlich mit uns zusammen. Ihn bewunderte ich damals grenzenlos, er war der moderne, der Dichter der Jugend. In ihm fanden wir uns. Heute scheint mir, daß ich mich viel mehr in Euripides' Gestalten erkannte als in den Lehren des Sokrates! Es scheint mir nicht bloß so, ich weiß es. Euripides schuf nicht Götter und Heroen, sondern Menschen, menschliche Wesen mit allen ihren Leidenschaften und Fehlern.

»Du mußt eine gewaltige Seele haben«, wagte ich dem großen Dichter zu sagen. Mir geraten die Zeiten durcheinander. Gibt es denn vielerlei Zeiten, nicht nur eine, die ewig hinfließt, unendlich, endlos, doch meine Zeit ist endlich, schnell ...

Ich fragte Euripides, wie er so verschiedene Menschen gestalten konnte: eine Medea, eine Phädra, diese verderblichen Weiber, und dann wieder eine Iphigenie, das unschuldige und später erlösende Opferlamm, Orestes, den von Erinnyen Gejagten, und Agamemnon, den Sieger und Hahnrei.

»Agamemnon fand ich im Homer und auch die anderen.«

»Anders sind sie, anders in deinen Werken als in denen des großen Sängers«, entgegnete ich.

»Selbstverständlich, ich dichte ja Tragödien, nicht Epen, meine Verse sind nicht da, um vorgetragen zu werden, sondern um auf der Bühne ins Leben zu treten.«

»Deine Geschöpfe sind lebendige Menschen, woher nimmst du sie?«

»Ich schaue, ich betrachte und suche mitzuleben, nachzuleben, mich hineinzuleben in mein Geschöpf, seine Rolle zu spielen, bevor ich sie dem Schauspieler überlasse.«

Manches Gespräch war mir mit dem Manne vergönnt, dessen Schüler und Nachfolger ich so gerne geworden wäre. Besser wäre mir das bekommen als Sokrates mit seiner Lehre und meinen Zweifeln! Doch die große Zeit der Dichtung war vorüber! Die Kraft fehlte dem geschlagenen, dem besiegten Volk, den Tod zu ertragen, ihm ins Antlitz zu sehen …

Auch Euripides schätzten sie nicht nach Verdienst! In den »Fröschen« holt Aristophanes Aischylos aus dem Hades, weil ihm Euripides nicht gefällt. Euripides war einer, der verbessern, der retten wollte durch tragische Warnung. War nicht auch er ein Fehlschlag, fruchteten seine Worte? Nichts konnte er verhindern, nur Leid künden. Die Klage und Anklage wird fortbestehen durch alle Zeit! Aristophanes verspottete die Wirklichkeit, deren Grauen Euripides zeigte.

Der Komödienmacher haßte Perikles und mehr noch Kleon und »Demos«, das Volk, den launischen Herrn! Und das Volk lachte über den, der seiner spottete, ich lachte mit, war weder besser noch hellsichtiger als meine Mitbürger. Mir gefiel sein bissiger Witz, immerhin hörte ich einen falschen Ton heraus.

Der Sophisten spottete er. Sokrates als Sophist auf der Bühne. War das Irrtum des Aristophanes, oder nahm er sich Sokrates vor, weil der eine populäre Figur war? Jedes Kind in Athen kannte den närrischen Weisen oder den weisen Narren. Da fällt mir gerade etwas Neues ein, späte Erkenntnis: Sokrates' Komik war genau die gleiche Eitelkeit wie die Löcher im Mantel des Antisthenes. Seine Einfachheit und Bescheidenheit waren Maske. Der Feind des Theaters führte im Leben eine Komödie auf! In Wahrheit war er unbescheiden, keineswegs gewillt, mit jedermann zu diskutieren, und zu gescheit und zu stolz, um elegant zu erscheinen wie seine Zöglinge. Er wählte die Rolle des komischen Alten.

Wir alle spielen Theater. Ich müßte jetzt sehen, wie ich die Rolle des Sterbenden spiele. Ich kann den alten Heuchler nicht nachahmen und erbaulich sterben. Immer werde ich in seinem Schatten stehen. Ein kluger Mann müßte manches, vieles sogar, verhüllt lassen, es war ein schwerer Fehler, daß ich wagte, Sokrates zu durchschauen.

Gerade was mir not tat, konnte er mir nicht beibringen. Was hat Sokrates geschaffen? Schüler! Hat er Platon erfunden, oder Platon ihn? Nun soll Platon ein Buch über den Staat schreiben. Wir kennen seine Ideen bereits, die Ideen des Sokrates, oder seine eigenen? Immer lobt er Lykurgos, genauso wie sein Meister. Paradox, Sparta und ein Staat, in dem die Philosophen Könige sein sollen! Praktisches ist nur wichtig, soweit es der Herrschaft dient, heißt das nicht: der Unterdrückung?

Sehnsucht befällt mich, Alkestis, Liebe und Sehnsucht, so heftig, daß ich darunter leide und darüber staune, daß ein Toter, ein in Dunkelheit Begrabener so heftig empfinden kann.

Mein Vater war Schreiber, einer, der verzeichnete, der verstand, auch ein Schreiber arbeitet mit der Hand. Gescheiter ist es, Leder zu bearbeiten, als Tragödien zu schreiben. Sie fallen der Vergessenheit anheim, wie mein »Eumaios«. Und schon gar niemand fragt nach einem Stück, das der Menge nicht gefallen hat, wie mein »Thersites«. Durchgefallen auf dem Theater, spiele ich jetzt selbst die Rolle des tragischen Helden.

Die Maske des Helden trug ich.

Die Maske des Volksmannes.

Der war ich, der bin ich ja wirklich, denn dem Volke gehöre ich an. Ich bin einer in der Menge, deshalb sprach ich für sie. Die Tragödie sollte denen Stimme verleihen, die für gewöhnlich nicht gehört werden. Und haben sie sich etwa erkannt in meinen Gestalten? Hat auch nur einer gesagt: »Das bin ich«?

Warum soll es nur dem Komödienschreiber gestattet sein, Wirklichkeit abzubilden? Da tat Sokrates mit! Es hatte sich herumgesprochen, daß ihn Aristophanes vors Publikum stellen werde ... und Sokrates ging mit einem Male ins Theater, wahrscheinlich dem Rate Apollons folgend, um sich selbst zu erkennen.

Sokrates ein Sophist!

Sokrates, dessen Schüler seinen Vater verprügelt, Sokrates, dem das Haus angezündet wird ...

Das Haus des Sokrates ist auch in Wirklichkeit abgebrannt. Er wurde gerettet, der Schaden war nicht groß. Es gab häßliche Gerüchte ... Immerhin war Aristophanes klug genug, diese nicht zu erwähnen. Falsch aber zeichnete er seine Gestalt zweifellos. Ein Sophist war Sokrates nicht, niemals ließ er sich bezahlen, niemals machte er den Vätern Versprechungen.

Die Jungen strömten ihm von selbst zu, flogen auf ihn, wie Fliegen auf ein Aas, bloß, weil sie bei ihm lernen konnten, ohne den Stock fühlen zu müssen. Auswendig brauchten sie auch nichts zu rezitieren. Schwierige Materien, wie Rechnen und gar Geometrie, wurden niemals gebracht! Es ist leichter, über die Leitung des Staates, über Gerechte und Ungerechte zu reden. Sokrates schwatzte und kritisierte.

Die »Geburten« schienen leicht, das behagte den Stutzern.

Ich war im Grunde nicht besser als sie. Weil ich ärmer war, verachteten sie mich, ich fühlte das. Heute vermute ich, daß Sokrates mich als Schüler annahm, um seine eigene Anspruchslosigkeit und Volkstümlichkeit zu betonen.

Das tat er auch bei der Erstaufführung der »Wolken«. Er schaute sich das Machwerk an, stimmte ins Gelächter mit ein, und in einer kurzen Pause trat er ins Theaterrund hinab, begab sich auf die Bühne und rief, so laut seine Stimme zu klingen vermochte, sie ertönte hell und schneidend: »Schaut bloß her, Athener, ob ich gut getroffen bin. Vergleichet die Masken, die, welche Aristophanes dem Mimen und die, welche der Gott Apollon mir aufgesetzt hat. Marsyas verlor solch einen Wettstreit und wurde geschunden!«

Apollon ist angeblich der Gott der Künste, die Arbeit aber überläßt er den spezialisierten Musen. Lästere ich den Gott? Mit Recht warf ich Sokrates in meiner Anklagerede, die er und die Seinen zu verdrehen trachteten, vor: Einführung Apollons, Ausspielen des delphischen, den Spartanern freundlichen Gottes gegen unsere Athene, meine geliebte, eulenäugige …

Aristophanes dankte Sokrates für seine Güte und entschuldigte sich, weil er ihn als einen Sophisten dargestellt hatte. War er tatsächlich in Irrtum verfallen, oder nützte er einfach Sokrates' Popularität aus? Aristophanes war schlau und begabt. Es ist ein Jammer, daß die Götter ihre Gaben so ungerecht verteilen. Beinahe bin ich versucht, an eine persönliche Intervention Apollons zu glauben, den Sokrates sich zum Schutzherrn erkor!

Nun wohlan, verschießt nur eure Pfeile erbarmungslos, wie gegen die Kinder der Niobe, du,

Apollon, und du, Artanis, jungfräuliche, schuldlose Geschöpfe jagende Schwester des delphischen Gottes. Ihr seid ja Götter des Todes, und deshalb beten euch diejenigen an, die ihr Ende fühlen.

Ich kämpfte gegen die Gewalt, gegen das Unrecht. Ich sage den Herren den Untergang voraus. Wer weiß, was kommt? Ich weiß nicht einmal, was in der Stadt draußen geschieht! Kein Hahn kräht nach mir oder fühlt Mitleid mit meinen Kindern. Ihnen und Alkestis werde ich gewiß nicht das Opfer eines Hahns für Asklepios auferlegen. Asklepios ist mir einer der liebsten Götter. Wissen denn die Götter, was wir denken? Wenn sie vieles wissen, sind sie doch nicht allwissend, sonst müßten sie die Geschäfte nicht untereinander aufteilen.

Das Huhn sollen sie lieber selbst essen, wenn sie eines haben, das sie schlachten können, und dabei meiner gedenken, und Asklepios muß einsehen, daß das ihrer Gesundheit bekömmlich ist, also sein Geschäft fördert.

Sokrates trug seinen Freunden auf, nach seinem Tode dem Asklepios einen Hahn zu opfern, zum Dank für seine Genesung. Ich gewinne nichts durch meinen Tod, er befreit mich nicht von Altersbeschwerden, von denen ich noch weit entfernt bin ... ich werde sie ja niemals erreichen, nicht erleben. Unversorgt bleibt meine Familie zurück. Von Nähnadeln werden die zarten Finger meiner Alkestis zerstochen sein und Meletos und Arete und Aristos ...?

Wollte mich Sokrates durch seine frommen Worte treffen? Der Gottlosigkeit hätte ich einen nicht anklagen dürfen, der noch in der letzten Stunde einen Gott füttert, wenn auch einen zweitrangigen, der bloß Kranken zur Gesundheit verhelfen soll und nicht vielen jungen und kräftigen Männern zum Tode, wie der mächtige Ares, der dem den Sieg verleiht, der die meisten erschlagen hat.

Wird mich Hermes mit entzündeter Fackel ins Totenreich geleiten? Der Totenführer ist der Gott der Kaufleute und der Diebe, wie muß er mich verachten, der ich in meinem Leben weder viel gehortet noch jemanden bestohlen habe!

Mache ich mich in trauriger Weise über die erhabenen Götter lustig? Gelten die Himmlischen in der Unterwelt? Können Sie mir dort noch etwas antun? Dennoch, o Asklepios, hilf mir zu einem leichten Ende! Ich zittere …

Aristippos erzählte mir, daß er einst nach Korinth reiste, und das Meer wurde wild, das Schiff schwankte, Wogen gingen über das Deck, und Todesgefahr drohte. Er zitterte. Da verlachten ihn die Seeleute: »Wir Idioten sind mutig, und du Weiser zitterst um dein Leben.« – »Wir haben nicht den gleichen Wert zu verlieren«, entgegnete er hochmütig.

Ich war ein hübscher Bursche, das haben mir Theodote und Alkestis bestätigt … doch ich war den Wünschen anderer nicht zugänglich, dem, was die Sokratiker Freundschaft nannten unter Jünglingen.

»Was willst du werden?« fragte mich Sokrates. »Du mußt wohl arbeiten, denn du bist keines Begüterten Sohn und vaterlos. Dennoch gehst du bei einem Philosophen in die Lehre, einem Weisheitssucher und nicht bei einem alleswissenden Sophisten.«

»Weil ich ... ich will erfahren und erkennen ...« Ich verschwieg, daß ich das Lehrgeld, das ein Sophist forderte, nicht erschwingen konnte.

»Du hast den rechten Pfad gewählt, wie Herakles am Scheidewege. Doch dieser Weg ist nicht weich und angenehm, sondern hart und steinig.«

Ich dankte ihm dafür und merkte noch nicht, daß die meisten seiner Schüler den weichen und angenehmen Weg wählten. Und er selbst? Er trat immerhin bescheiden auf. Warum überließ er dem Alkibiades seinen Kriegsruhm? Immer die gleichen Zweifel, die so zwecklos sind.

Die Sophisten lassen sich bezahlen. Auch der Lehrer, der mir die Buchstaben beibrachte und die Rechenkunst, nahm Geld für seine Tätigkeit. Meine arme Mutter mußte es erwerben. Die Versmaße, welche er mir beibrachte, übte ich mit großem Eifer.

Ich glaubte damals noch, daß Versemachen Dichtung sei.

Wen aber sollte ich besingen in meinen Liedern? Olympiasieger vielleicht? Ich bin kein Pindaros, ich konnte kein Lobhudler für Ringkämpfer und Diskuswerfer werden, wollte das auch keineswegs. Gedichte an wen? Wie jeder junge Dichter, an Frauen. Sie waren mir noch schleierhaft, vielleicht hüllte ich sie just der Dichtung wegen in den Schleier der Illusion, vielleicht aber auch aus Naivität. Ich liebte meine Mutter und wollte nicht wissen, was ich ahnte, was ich vielleicht sogar wußte. Ich schloß die Augen aus Liebe, sogar aus Verehrung. War etwa Aspasia nicht mehr wert als tausend jungfräuliche Gänse? Und dennoch danke ich den Göttern dafür, daß Alkestis jungfräulich in mein Bett gelangte.

Doch zuvor kam Theodote ...

Ihr sagte man nach, daß es ihr gelungen sei, den weisen Sokrates zu verführen. Hatte sie vielleicht Alkibiades dazu angestiftet, am Ende gar gedungen, um sich einen guten Witz zu leisten? Oder wollte sie selbst fühlen, wie sich ein Weiser im Bett benimmt? Versagten die Bremsen, nur die Bremsen, die Hemmungen, denn versagt hat er bei ihr keineswegs, wie ich aus sicherster Quelle erfahren habe, aus ihrem eigenen Mund.

Theodote war damals noch ziemlich jung. Natürlich wurde sie keineswegs zu den »Prostituierten« gezählt, zu den Gezeichneten, die erniedrigenden Regeln unterworfen wurden. Sie war keine Sklavin, nicht einmal eine Freigelassene. Mag sein, daß sie zu den gleichen gehörte, wie ...

Mutter darf ich da nicht hineinziehen! Meine Mutter ist mir heilig, wahrscheinlich hat sie sich für mich geopfert, denn Dichten ist keine broterwerbende Tätigkeit, demnach kein anständiges Geschäft. Kein Vorwurf gegen sie! Sind nicht die Hetairas die einzigen gebildeten Frauen, die einzigen wahren Gefährtinnen eines geistig tätigen Mannes? Sie sind es nicht, gewiß nicht, denn es gibt keine bessere Gefährtin als meine Alkestis. Mutter war, solange er lebte, die Gefährtin meines Vaters, besser und würdiger als jede unzweifelhafte Dame, die im Freudenhaus sitzt als wohlgekleidete, wohlgefütterte und müßige Sklavin. –

Theodote gehörte wohl zum Kreis der Aspasia, der zu jener Zeit durchaus nicht mehr jungen Aspasia. Es war lange nach Perikles' Tod. Als Sokrates Theodote traf, war sie sehr jung und unternehmungslustig, neugierig und keck.

Sie war entzückend, das weiß ich, wie kaum ein zweiter ... Lüge! Selbstbetrug! Viele haben die Erfahrung gemacht.

Wollte Theodote das Experiment aus Schelmerei wagen, suchte sie, ihre Macht zu erproben? War sie ein weiblicher Alkibiades und wünschte, ihm bei Sokrates den Rang abzulaufen? Am Ende gehörte sie zu Alkibiades, war seine letzte Beischläferin. Manche behaupten gar, sie sei in die Intrige verstrickt gewesen, in den wohlüberlegten Racheplan dessen, der die Mörder sandte. Das ist gewiß nicht wahr! Sie soll ihn wirklich geliebt und tief betrauert haben. Leider nimmt ja Schlechtigkeit den Menschen nicht ihren persönlichen Zauber. Den besaßen die beiden in höchstem Maße.

Für mich war Theodote die Ältere, Erfahrenere, für Sokrates muß sie ein junges Mädchen gewesen sein, das ihn bewunderte.

Seine Streitigkeiten mit seiner Frau waren stadtbekannt und viel belacht. Es war einer seiner komischen Züge, und zumeist äußerte er sich abfällig über das weibliche Geschlecht, obwohl er behauptete, seine große Lehrmethode, seine Überzeugungskraft der Geburtshelferkunst seiner Mutter zu verdanken. Wahrscheinlich sind manche Lehrer zärtlich, weil ihnen Weiber bloß Gebärerinnen von Nachkommen scheinen, während man mit männlichen Wesen vernünftig sprechen kann, und schön kann ja auch ein Jüngling sein und daher …

Meletos ist ein hübscher Junge, dennoch, physisch stößt mich jedes männliche Wesen ab, während es ein Genuß ist, mein Töchterchen Arete zu küssen. Wenn ich nach längerer Abwesenheit meine Söhne Meletos und Aristos mit Küssen begrüße, kostet mich das, trotz der Freude, die ich empfinde, eine gewisse Überwindung.

Sokrates ging eines Tages allein spazieren, an sich ein seltenes Ereignis, denn zumeist war er von einer Gruppe von Jünglingen umgeben.

»Meister, Herr …«, hörte er. Oder schaute er die hübsche, junge Frau zuerst an und wurde dann von ihr angesprochen?

»Was wünschest du, junge Dame?« fragte er.

»Ich möchte … ich erlaube mir zu fragen … ob eine Frau zur Weisheit gelangen, also tugendhaft werden kann?«

Er dachte nach, schien verwirrt. Dann sagte er: »Tugendhaft gewiß, Väter und Mütter haben die Tugend als Erbe in unsere Seelen gepflanzt, wären die Mütter nicht tugendhaft, wie könnte Tugend uns eingeboren sein?«

»Und kann eine Frau Weisheit erwerben?«

»Die Frau muß den heimischen Herd hüten.« Wie ausweichend er zu antworten verstand!

»Ist Sophia, die Weisheit, nicht ein Weib?« fragte das Mädchen.

»Immerhin ist der Name weiblich.«

»Also ist sie wohl ein Weib. Und du behauptest, sie zu lieben.«

»Mein Lebenswerk ist, die Weisheit zu lieben und jungen Männern Weisheitsliebe beizubringen.«

»Und Frauen nicht?«

»Die Frau gehört ins Haus.«

»Lehrst du nicht, daß Tugend Wissen sei? Wie kann also eine Frau tugendhaft sein, wenn ihr sie vom Wissen ausschließt?«

»Du bist ein kluges Mädchen«, stellte Sokrates heiter fest, »und woher kennst du meine Lehre?«

»Ich liebe die Weisheit. Es scheint aber eine unglückliche, unerwiderte Liebe zu sein.«

»Vielleicht doch nicht. Hättest du mich sonst angesprochen?«

»Ich habe dich gesucht, ganz gegen die Sitte, denn Weiber sollen demütig darauf warten, daß ein Mann das Wort an sie richtet.«

»Nicht, wenn sie so aussehen wie du.«

Erfinde ich die ganze Geschichte? Nein, Theodote hat sie mir erzählt. Ich male sie mir aus …

»Dürfte ich mit dir kommen, als deine Schülerin?«

»Liebes Kind, das brächte alle durcheinander, sie

würden dich anstarren, statt meinen Worten zu lauschen, sie verlören sich in Phantasien und Trugbilder ...«

»Bin ich nicht echt?«

»Zu wirklich sogar, von echter Schönheit. Die Einigkeit unter meinen Schülern würde Eris anheimfallen, der Zwietracht. Sie würde ihren Apfel unter sie werfen, wie einst zwischen die erhabensten der Göttinnen, Hera, Pallas Athene und Aphrodite.«

»Also muß ich dumm und lasterhaft bleiben, weil ich das Unglück habe, als Weib geboren zu sein?«

»Die Tugend ist gewiß in dir, man muß sie bloß erkennen und finden.«

»Mich von ihr entbinden«, sagte die kleine Heuchlerin. Jetzt habe ich das allzu literarisch ausgemalt, denn sie war gar nicht klein, sondern ein ziemlich hochgewachsenes, langschenkliges und wohlgebautes Mädchen.

»Frauen zu entbinden war der Beruf meiner Mutter, den durfte sie mich ja nicht lehren.«

»Vielleicht kannst du es noch lernen, auf deine Art«, schlug sie frech vor.

»Ich habe dir bereits gesagt, daß ich dich nicht mit den Jungen zusammenbringen kann.«

»Und wie wäre es mit Privatunterricht?«

»Das kostet viel Zeit.«

»Ich bin nicht arm, ich könnte die Stunden bezahlen.«

»Tugend ist unbezahlbar«, erklärte er salbungsvoll. Sie zog ein betrübtes Mäulchen. »Nun, komm nur, ich werde es schon fertigbringen, dich irgendwie unterzubringen, zeitlich meine ich.«

Tatsächlich regelten sie's dann so, daß sie den Unterricht in ihrer Privatwohnung empfing. Sokrates lernte dabei zweifellos auch so manches, und das war zugleich sein Lohn, da er doch kein Geld für seinen Unterricht verlangte. Geschenke freilich nahm er an, das merkte ich erst viel später. Das Haus zum Beispiel, das ihm seine Schüler schenkten. Mich hat er großzügig umsonst unterrichtet, obgleich er wußte, daß ich ihm keine Geschenke machen konnte.

So wurde auch Sokrates verführt, oder ließ er sich nicht ungern verlocken, erlag der Versuchung.

Die gleiche Geliebte zu haben weckt in Männern zumeist nicht eben Sympathie! Scherze ich, mit mir selbst, vertreibe mir die Zeit? Vertreibe die Zeit, indem ich sie zurückrufe, die vergangene Zeit. Die heiterste meines Lebens, die glücklichste? Mein Glück heißt Alkestis, nicht Theodote. Nein, wir waren niemals Rivalen. Lange nach Sokrates erst gelangte ich zu Theodote.

Es war der bejahrte Lüstling Aristippos, der mir das Mädchen vorstellte.

Er hatte mich in sein prunkvolles Haus eingeladen. Wir sprachen über den Meister, über seine Gepflogenheiten, da erkundigte sich Aristippos auch nach meinen. »Wirklich und wahrhaftig, du hast noch nie die Liebe erlebt?«

»Die zu meinen Eltern und ...«

»Spiel nicht den Einfältigen, du eifriger Schüler der Weisheit! Du verstehst sehr wohl, daß ich von

Eros spreche, dem Schelm unter den Unsterblichen, dem unsterblichen Schelm.«

Ich mußte gestehen, daß ich über keine Erfahrung in der Praxis der Liebe verfügte.

»Vielleicht kann man einen Lehrer finden.«

»Das keineswegs«, lehnte ich entsetzt ab.

»Na, dann eine Lehrerin«, sagte Aristippos geradeheraus, wie es seine Art ist.

Ich war gehemmt. Ich war der kindischen Meinung, daß man sich verlieben müsse, um einer Frau beizuwohnen, und eigentlich bin ich dabei geblieben. Nur mit Liebe ist es wirklich schön, und ich war schon damals verliebt. Ich hatte oft ein kleines Mädchen gesehen: Alkestis. Sie war nicht mehr klein, sie war herangewachsen in den Jahren, in welchen ich von ihr träumte.

Manchmal war ich hinter ihr hergelaufen, und wenn sie mit einer ihrer Freundinnen daherkam, hatte ich gewagt, nicht bloß einmal an ihr vorbeizugehen, sondern umzukehren und ihr nochmals und ein drittes Mal zu begegnen. Sie war dann errötet. Ärgerte sie, verletzte sie mein »Wagnis«, oder gefiel ich ihr auch? Doch just, weil ich bezaubert war, weil sie mir so zart und zerbrechlich schien, wagte ich niemals, sie anzusprechen.

Ich fand heraus, wo sie wohnte, und lauerte ihr gelegentlich auf. Doch sie verzog sich meist rasch in ihr Haus. Gewiß wollte ich die »Liebe« lernen. An Alkestis aber wagte ich dabei nicht einmal zu denken.

Und dennoch schien mir Untreue, eine andere zu umarmen.

Untreue? Sie wußte nicht einmal, daß ich sie liebte.

Natürlich war das Unsinn! Frauen wissen es immer gleich, wenn einer ihnen in die Falle gegangen ist. Auch die zarte Alkestis wußte ganz genau, daß ich in sie verliebt war, wie sie mir später gestand.

Aristippos erfaßte meinen Seelenzustand.

Ich vergaß dann die Angelegenheit. Vergaß ich sie wirklich? Allzuoft wurde ich vom Triebe geplagt.

Aristippos war gelegentlich Gast bei Sokrates' Diskussionen. Nach längerer Pause tauchte er wieder einmal auf und ging auf mich zu, als wäre er meinetwegen gekommen. Er lud mich wieder in sein Haus ein: »Komm, Freund Meletos, du bekommst bei mir was Gutes vorgesetzt.« Ich wollte antworten, daß ich kein Hungerleider sei, schwieg aber, denn man konnte mir ansehen, daß ich arm war. »Es gibt auch was zu trinken, ich habe eine hübsche Sendung von gutem Wein aus Kypros erhalten.« Vielleicht wollte Aristippos durch Nennung der Herkunft des Weines zeigen, daß er mich für einen Jungen aus gutem Hause hielt, wo man vornehm genug war, Weine nach der Herkunft zu schätzen. Versteht sich, daß ich damals durchaus kein Weinkenner, nicht einmal ein Feinschmecker war. Eigentlich bin ich das niemals geworden, hatte immer andere Sorgen und niemals überflüssiges Geld. »Wein von Aphrodites Insel«, fügte er noch hinzu, »dort stieg die Göttin aus der blauen Flut ans Land, dort wurde sie schaumgeboren.« Ich verstand die Anspielung nicht.

Ich freute mich auf den Abend. Es schien mir ehrenvoll, bei einem beinahe berühmten Manne eingeladen zu sein und, ich muß mir auch das eingestehen, bei einem wohlhabenden. Das imponiert leider armen Schluckern immer. Die Wahrheit im Hintergrund war jedoch, daß ich mich auf ein ausgesucht gutes Mahl freute.

Was erwartete er aber von mir? Warum lud er einen so unbedeutenden Jungen ein? Gastgeber wie Aristippos erwarten Lust von jungen Männern, doch Aristippos wußte bereits, daß ich dies verabscheue. Er hatte sich nach meinem Liebesleben erkundigt. Weswegen? fragte ich, nicht ganz ohne Spannung. Man sagte ihm Geliebte beiderlei Geschlechts nach. Sollte ich einer Orgie beiwohnen? Ich wußte kaum, was das heißt.

Als ich ans Tor klopfte, wurde mir so schnell geöffnet, als hätte man mich mit Ungeduld erwartet.

»Tritt ein, Herr.«

Ich hatte mich, obgleich nur ein wenig, verspätet, da ich nicht hungrig erscheinen wollte, eben weil ich hungrig war.

Aristippos kam mir mit offenen Armen entgegen. »Spät, lieber Freund!«

»Ich mußte doch ordentlich gekleidet sein, und gebadet habe ich auch«, was keineswegs täglich stattfand.

»Recht so, mein Lieber«, sagte er gönnerhaft, »komme nur gleich weiter, ich werde sofort servieren lassen.«

Eine junge Frau lagerte bei Tische. Niemals hatte Aristippos seine Frau vorgeführt, die gehört ins Frauengemach, nicht an die Tafel, ebensowenig sein Töchterchen. Die Frau stand auf. Ihre Schönheit raubte mir den Atem, ich war völlig verwirrt. Sie war mehrere Jahre älter als ich. Eine junge Matrone oder ein Mädchen? Ihre Augen schienen zu lachen, nicht spöttisch, sondern freundlich, an sich groß und noch vergrößert durch schwarze Umrandung, wahrscheinlich mit Kohle gemalt. Ihre Brauen waren fein rasiert und nachgestrichen, der Mund blutrot, mit vollen, ungemein lockenden Lippen. Das hellblonde Haar stach auffallend von den dunklen Augen ab, wahrscheinlich war die lichte Farbe nicht angeboren.

»Das ist der junge Meletos, ein eifriger Adept unseres großen Meisters und Lehrers der Tugend«, stellte mich Aristippos der Dame vor, »und das ist Theodote. Wie du sehen kannst, beinahe göttlich, wie ihr Name. Trotz ihrer Schönheit und weiblichen Reize besitzt sie männliche Intelligenz, eine männliche Seele in einem schönen weiblichen Gefäß.«

»Warum vergnügst du dich damit, mich zu beleidigen, während du mich lobst? Gerade du weißt genau, daß Frauen nicht bloß dazu bestimmt sind, das heilige Herdfeuer zu hüten, sondern daß wir auch sprechen können und eigene Gedanken äußern.«

»Wenn ich das weiß, hast du mich's gelehrt.«

»Als ob du keine Frauen kennen würdest.«

»Keine andere, die so schön und gescheit ist wie du.« Dann schrie er einer Sklavin zu: »He, Wein her und trag den Fisch auf.«

Der Wein aus Zypern war nicht süß, doch auch nicht zu herb. Wunderbar leicht glitt er über die Zunge und den Gaumen hinab.

»Warum darf nur ich mit dir bei Tische Platz nehmen, Aristippos?« fragte Theodote.

»Du bist die einzige, die sich rühmen darf, Schülerin des weisen Sokrates zu sein.«

»Dem bin ich bereits entwachsen.«

»Schade«, wagte ich zu bemerken, »es wäre herrlich, mit dir ... mit dir z... zu ... stu... stud... studieren.«

»Da würdest du wenig von der Weisheit des Sokrates aufschnappen, denn deine Augen hingen immer an Theodote«, spottete Aristippos.

Habe ich damals gewagt, auch nur zu träumen, was mir eine Stunde, oder waren es bloß Minuten später, zufallen sollte? Nie habe ich viel von mir selbst gehalten. Sokrates stärkte damals mein Selbstbewußtsein ein wenig dadurch, daß er mich als Aushängeschild seiner Großzügigkeit benutzte. Wenn ich aufgenommen wurde in den erlesenen Kreis, mußte doch etwas an mir dran sein?

»Das Salz des Meeres«, vermerkte Aristippos mehr poetisch, als eine Tatsache feststellend, denn das Salz war gewiß erst in der Küche zugesetzt worden, »macht Durst, und der Fisch will schwimmen. Sprecht dem Rebensaft wacker zu, denn ein Bewohner der See, wenn einmal gebraten, schwimmt besser in Wein als in Wasser.«

Es folgten Süßigkeiten, Feigen in Honig. Die machten wieder durstig. War ich berauscht vom Wein oder von der Nähe der schönen Frau? Und sie? Sie sprach von Sokrates ... Wollte sie mich abschrecken? Wer hatte Lust, mit Theodote von der Schule zu plaudern? Sie war ganz anders als Alkestis, keine Angebetete, Ferne! Zerbrechlich schien sie keineswegs, eher könnte sie einen selbst zerbrechen. Theodote mußte man nicht anbeten, sondern ... sondern was? Was hatte ich so oft geträumt? Wie viele schöne Frauen hatte ich tags angegafft und mit ihnen nachts im Bett gerungen? Wachträume, die in glücklichen Nächten in richtige Träume übergingen und mir Erfüllung, Befriedigung brachten oder vorgaukelten.

Immer mehr Wein genossen wir. Doch wollte der alte Sokrates nicht aus unseren Gesprächen weichen, er störte mich bereits, ich war aber nicht gewandt genug, das Thema zu wechseln.

»Studierst du immer noch?« fragte ich.

»Man lernt nie aus«, antwortete sie lachend.

»Bist du verheiratet?«

»Das hat keiner gewagt. Minotauros verschlang Jungfrauen, bis ihm Theseus das Handwerk legte«, witzelte Aristippos, »und die hier verschlingt Männer. Ein weiblicher Minotauros.«

»Der war zur Hälfte ein Stier, willst du mich also eine Kuh nennen?«

»Höchstens die Augen könnten die einer Kuh sein, so groß und strahlend, so göttlich, wie die der kuhäugigen erhabenen Hera.«

»Der ewig vom Gatten betrogenen. Offenbar haben mich eben diese Augen, weil sie just keinem Rindvieh gehören, davor bewahrt, zur Gattin zu werden, der allemal eine andere vorgezogen wird.«

»Gescheiter bist du also als die oberste aller Göttinnen«, neckte sie Aristippos. »Laßt uns darauf noch einen Tropfen schlucken.«

So tranken wir gehörig, und das hübsche Köpfchen stieg mir zu Kopfe. Ob es das Köpfchen war? Wohl mehr die bloßen Arme und der schlanke Hals und darunter ... Die Huren haben nackte Brüste, fiel mir ein. Ich wies mich sogleich zurecht und merkte, daß ich sternhagelbesoffen war. Wie durfte ich an Huren denken, in Gegenwart einer so vornehmen und wissensdurstigen Dame?

»Ich werde einen anderen Schlauch bringen, einen Wein aus Samos.«

Ich blieb mit Theodote allein.

»Jage ich dir Furcht ein, junger Freund? Du siehst ja ganz erschreckt aus, wie ein Hühnchen, dem man an den Kragen will.«

»Theodote ... Theodote ...« Und sonst nichts.

Nichts und alles und alles löste sich auf, ich fühlte ihre Lippen auf meinen, und ich war viel zu blöde, um den Mund zu öffnen, ich biß die Zähne zusammen in tölpelhafter Glückseligkeit.

»Du bist ein Kind.«

»Ich bin ein Mann«, versicherte ich gekränkt.

»Das will ich hoffen, doch du weißt noch nicht, wie man richtig küßt. Du küßt wie ein Fünfjähriger seine Mama. Soll ich deine Mutter spielen ...« Sie nahm mich wieder beim Kopf, ihre offenen Lippen öffneten nun auch meine.

»Wenn Aristippos kommt? Theodote ...«, stammelte ich.

»Er kommt nicht herein.« Ihre Brüste wurden

sichtbar … Ich suchte bereits, kühner geworden, ihre Küsse.

»Mein Kind, Weisheit habe ich von Sokrates gelernt wie du … und anderes kannst du von mir lernen, Kind.« Kind nannte sie mich wieder, was mich zugleich kränkte und beglückte. Ich drückte einen Kuß auf die Brüste. Ihr Gewand rutschte hinab, eine Hand faßte nach mir. »Du scheinst nicht eben schlecht gebaut, mein lieber Junge.« Sie zog mich auf das Ruhelager.

»Du warst wirklich nie bei einer Frau, das hat mir Aristippos versprochen. Ich wollte es ihm nicht glauben, jetzt hat er die Wette gewonnen. Komm, komm, mein Liebster!«

Auch jetzt noch … ich erlebe sozusagen, Erinnerung … Wenn doch Alkestis käme! Sie wird kommen, bald.

Theodote fand bald, daß ich ein gelehriger Schüler sei. Vor allem schätzte sie, daß mich die Natur kräftig begabt hatte.

»Dazu hast du Sokrates gebraucht?« fragte ich einst meine vorzügliche Lehrerin ein wenig spöttisch. »Sokrates, den Mann der Weisheit und Mäßigung …«

»Mäßigung! Ha – ha – ha, der Alte ist nicht zu verachten. Er hat mich überrascht.«

»Du willst doch nicht etwa sagen …«

»Ich habe es deutlich genug gesagt!«

»Der Tugendprediger.«

»Und ich scheine dir nicht tugendhaft, ich, seine beste Schülerin?«

»Wieso die beste?«

»Weil ich die einzige bin. Er nimmt doch Weiber nicht als Schüler an.«

»Seine Schüler lieben einander zu sehr.«

»Er selbst gehört nicht zu dieser Sorte, das kann ich dir versichern! Er sammelt sie um sich, weil sie ihm die geeigneten Adepten scheinen.«

»Woher kommt das?«

»Modesache. Dem Aristippos gefallen Frauen besser als der hübscheste Junge. Gelegentlich aber ist auch er von der Modesucht befallen und macht mit.«

»Und Alkibiades?«

»Er hat sich über den Alten lustig machen wollen, es war eben auch eine Wette.« Ich war also bloß ein Wettobjekt. Immerhin scheint sie sich dann auf ihre Art in mich verliebt zu haben. Bis heute bin ich stolz auf diese Eroberung. Sie war eine erfahrene Frau, sie konnte Vergleiche ziehen ...

»Ich hatte mit Alkibiades gewettet, daß ich den weisesten aller Männer und Tugendexperten ins Bett kriege, auch ohne Decke. Man darf ihn nicht unterschätzen, er kann es, trotz seines Kugelbauchs ... Auch du hast meine Erwartungen übertroffen.« So wurde ich mit Sokrates verglichen!

Gefiel ich ihr in der Tat so gut? War ich tüchtig als Hurenbock? Nein, eine Hure war Theodote nicht, sie, die bezaubernde Gefährtin vieler Männer! Alles schenkte sie mir, nie hat sie etwas von mir angenommen, nicht die kleinste Gabe. Alles schenkte sie mir, außer Treue. Aber gerade die forderte sie von mir. Sie behauptete, ich sei der einzige, den sie liebe. Ob sie dem Sokrates das auch vorgespielt hat?

Alkibiades war gewiß viel zu eitel, als daß er ertragen hätte, einen anderen neben sich gelten zu lassen. In der letzten Zeit seines Lebens war er arm und verlassen, da muß sie aus Liebe bei ihm geblieben sein …

Sehr spät erst gingen mir die Gründe für die Mode auf, der die Schüler des Sokrates verfielen … Wenn ein Mensch seinen Trieben folgt, ohne anderen zu schaden, geht das niemanden etwas an; es war aber kein unschuldiges Vergnügen – Affen Spartas und seiner Waffenbrüderschaft! Doch wollten sie gewiß nicht zu den Waffen greifen gegen die Lakedaimonier, die vornehmen Herrchen. Außer Alkibiades, verzehrt von seiner Sucht nach Ruhm war der bereit, gegen jeden zu kämpfen. Jede Lüge war ihm recht. Erst spielte er den Demokraten. Und nichts entzückt die guten kleinen Leutchen mehr, als wenn ein »Vornehmer«, einer von den Adligen, mit ihnen gemeinsame Sache macht. Sie vergötterten ihn beinahe.

Und Theodote? Sie gehörte keinem Menschen, vielleicht nicht einmal dem unwiderstehlichen Alkibiades, nur sich selbst. Eigentlich habe ich das immer an ihr bewundert, bis zum heutigen Tage. Ich gehörte ihr, niemals sie mir. War sie deshalb so böse, als ich sie verließ?

Die Türe öffnet sich. Mein Kerkermeister.

»Du wirst wieder besucht.«

»Macht dir das Mühe?«

»Keineswegs. Es freut mich, Leute zu sehen. Ein Kerkermeister ist gewissermaßen auch eingesperrt ...«

»Wer will mich denn sehen?«

»Ein Gesandter, wie er sagt ... Erlaubnis hat er. Willst du ihn empfangen?«

»Selbstverständlich.«

2. DIALOG

Da tritt er schon ein. Ein erstaunlich junger Mann für eine so ehrenvolle Stellung.

»Guten Tag, Meletos.«

»Kann der Tag gut sein für einen Todeskandidaten?« Ich schäme mich dieser Äußerung. Ich muß mein Geschick mit Ruhe hinnehmen, wie es einem Philosophen geziemt.

»Ich heiße Chrysostomos.«

»Botschafter bist du. Aus welchem Lande bringst du Botschaft?«

»Syrakus.«

»Also haben wir wohl wieder diplomatische Beziehungen?«

»Gewiß, Friede herrscht in der Welt, wenn man das so nennen darf.«

»Ihr habt gesiegt, wir sind machtlos. Nur über Gefangene, wie mich, hat die Republik noch Macht.«

»Ja, Syrakus hat gesiegt, doch wer siegt, macht sich Neider und Feinde, und um sich zu behaupten, muß er immer wieder siegen. Wir sind reich, schade, daß wir nicht mit Athen verbunden blieben statt mit den Lakedaimoniern. Dumm, daß Hellenen kämpften gegen Hellenen. Die uns jetzt bedrohen, sind Afrikaner. Karthago rückt uns auf den Leib. Verständigen sollten wir uns, wir, die wir die Sprache der Kultur sprechen. Die Karthager sind ein schlaues Volk, geschickt und tüchtig. Ihre Kriege führen sie mit Söldnern, sie kämpfen nicht selbst, wie die Spartaner. Man muß ihnen freilich zuerkennen, daß sie hervorragende Seeleute sind und gewitzte Händler. Mit aller Welt können sie sich verständigen. Sie bedrohen uns, ihr Land ragt aus Afrika heraus gegen uns, gegen Großgriechenland. Und von der anderen Seite, von Norden her, beginnt ein anderes Volk zu wachsen. Sie setzen sich durch, indem sie die übrigen Italiker unter ihr Joch zwingen, die Römer. Sie haben die Etrusker besiegt, die einst auf ihrer Halbinsel die stärksten waren. Krieger, rauhe, neue Lakedaimonier möchte ich sie nennen, denn sie reden von männlicher Tugend.«

»Warum erzählst du das gerade mir? Was nützt es, wenn du mich zu überzeugen vermagst, einen zum Tode verurteilten Gefangenen, einen Sterbenden?«

»Ich muß jemandem mein Herz ausschütten«, sagt er. »Warum nicht einem Unbekannten? Im übrigen bist du mir nicht so unbekannt. Ich weiß, wessen du angeklagt wurdest.«

»Ich war gegen euren Freund. Ich habe die Leuchte von Hellas ausgelöscht.«

»Ich bezweifle, daß er geleuchtet hat. Ich bin kein Bewunderer des Sokrates, sein Ruhm ist unecht.«

»Ruhm ist immer echt, wenn er verbreitet wird, wenn ein Name in vieler Menschen Mund ist und man ihn bewundert.«

»Da hast du recht. Ich will dir gestehen, daß ich in die Schule der Sophisten gegangen bin.«

»Sokrates protestierte dagegen, daß ihn Aristophanes in seiner Komödie als Sophisten erscheinen ließ.«

»Zur Strafe tritt Aristophanes in Platons ›Gastmahl‹ als ziemlicher Windbeutel auf, Aristophanes wird zur komischen Figur, obwohl Platon ihn allerhand über Männerliebe sagen läßt, das mehr ihm, dem Platon, als dem Frauenkenner und Verfasser der ›Lysistrata‹ aus der Seele gesprochen zu sein scheint.«

»Du bist ja gut orientiert über die Athener.«

»Ich habe von Gorgias und bei Gorgias gelernt, er war auch mein Vorgänger als Botschafter in Athen. Freilich ist das hübsch lange her.«

»Gorgias ist ein gescheiter Mann, etwas zu geschwätzig für meinen Geschmack.«

»Ein großartiger Redner und Meister. Was ich bin, verdanke ich der Ausbildung durch die Sophisten.«

»Also ein Weiser.« Womit ich eigentlich spotte … Erwacht in mir der Schüler des Sokrates, komme ich nie über ihn hinweg? Gewiß nicht, denn ich gehe an ihm zugrunde!

»Wer dürfte sich weise nennen? Sicherlich nicht

ich, der ich noch wenig Kenntnisse und Erfahrung gespeichert habe. Die Sophisten lehrten zu lernen, zu beobachten, zu denken. Sie lehrten Methodik. Leider gelangte der größte unter ihnen nicht nach Syrakus. Ich meine Protagoras, der aus Athen verbannt wurde und in Syrakus Zuflucht suchen wollte. Er kam nie an, das Segelschiff kenterte im Sturm.«

»Die Athener haben es nicht bedauert ...«

»Sie hatten ihn ja verbannt, weil er unerwünschte Wahrheiten sagte: daß er nicht wisse, ob die Götter existieren oder nicht existieren, denn vieles hindere uns daran, das zu ergründen, auch die Kürze des menschlichen Lebens. Dafür haben ihn die Athener verbannt, den Sokrates hingegen haben sie verurteilt, weil er fremde Götter einführen wollte. Kannst du mir übrigens erklären, was das Daimonion bedeuten soll, von dem Sokrates sprach?«

»Eine innere Stimme, die ihm zuflüsterte, was recht und was unrecht sei. So behauptete er. Ich denke jedoch, daß er einfach seine Meinung dadurch zur Norm erheben wollte.«

»Und das hast du als Gottlosigkeit bezeichnet.«

»Nein, das ist eine Lüge.«

»So wurde es verbreitet.«

»Es ist trotzdem unwahr. Protagoras wurde für Zweifel an den Göttern, ja beinahe Gottlosigkeit, aus Attika ausgewiesen. Sokrates aber wollte ausländische Gottheiten einführen. Er ließ sich von Apollon, dem delphischen Gott der Künste und der todbringenden Pfeile, für den weisesten aller

Menschen erklären, gerade weil er wußte, daß er nichts wußte, sich gar nicht erst bemühte, Wissen zu erlangen. Hätte sich Protagoras oder auch ein geringerer Sophist so verhalten?«

»Protagoras lehrte, daß alles von der Beobachtung abhänge, und nannte den, der fähig ist zu beobachten und zu urteilen, den Menschen nämlich, das Maß aller Dinge! Wer ist denn imstande zu messen und zu ermessen, wenn nicht der Mensch? Wir sehen mit menschlichen Augen und erfassen alles, Töne sind da, weil wir sie hören, Gewürze riechen und schmecken, weil ein Mensch sie riecht und schmeckt. Das scheint mir klarer als die Tugendliebe des Sokrates.«

»Glaubst du, daß es ein ewig gültiges Sittengesetz gibt?«

»Protagoras lehrt, daß alles zwei Seiten habe, eine positive und eine negative, daß man prüfen müsse.«

»Das scheint mir vernünftig.«

»Sokrates verwarf die Sophisten, weil sie sich ihren Unterricht bezahlen ließen, den wichtigsten und besten aller Freundschaftsdienste ... sie verkaufen sich selbst, sagte er und nannte das Prostitution. Das scheint mir ein irriges Urteil. Wovon sollte ein Lehrer leben, wenn nicht von seiner Tätigkeit?«

»Die Republik, der Staat müßte die Lehrer bezahlen.«

»Leider müssen wir stets unsere Heere rüsten, ihr wie wir. Allenthalben lauern Gefahren ... die Karthager, die Römer und nördlich von euch ...«

»Ihr werdet selbst von einem Tyrannen regiert.«

»Das Wort hat einen üblen Klang, doch Dionysios regiert klug, das Volk liebt ihn.«

»Es fällt ihm blind zu Füßen.«

»Nicht so blind, wie du meinst. Der Alleinherrscher schützt das Volk vor den ›großen Herren‹, den Ausbeutern, denn viele, die sich für ›die Besten‹ halten, verschlingen mehr als einer. Und einer kann besser Reformen und Neuerungen durchführen als eine Menge.«

»Ja, wenn er tüchtig, klug und ehrlich ist wie Perikles.«

Was gehen mich die Dinge dieser Welt noch an? Doch ... sie sind wichtig, denn ich lasse Kinder zurück! »Erzähle mir von Platons Besuch bei euch in Syrakus. Ich kann die Welt nicht mehr ändern, doch solange ich lebe, will ich wissen.«

Reden füllt die Zeit, es verhindert, daß ich immer wieder an den Tod denken muß, der bald kommt. So rede ich und frage: »Was hat der junge Platon in Syrakus erreicht? Mein eigener Prozeß war die letzte Affäre, über die ich unterrichtet bin. Der Bursche schreibt zu gut, sein ›Gastmahl‹ ist ein kleines Meisterwerk literarischer Prosa. Ich glaube, daß an ihm ein Dichter verlorengegangen ist.«

»Platon wurde an den Hof des Dionysios geladen, weil auch Selbstherrscher als gebildete Leute, womöglich sogar als Weise, gelten wollen. So lud der Tyrann Platon in den Palast ein, wo er ihn mit den erlesensten Weinen Siziliens und den vornehmsten Leckerbissen bewirtete. Gorgias hat mir oft gesagt: ›Wer weise ist, muß deswegen noch lange nicht klug sein.‹ Euer Platon ist ein Gegner der Tyrannis.«

»Er fürchtet sie als Volksherrschaft, weil sie die Macht der Aristokraten beschneidet.«

»Platon war unklug, wie Dionysios fand, frech genug, dem Mächtigen eine Moralpauke zu halten. Er warf ihm vor, daß der Alleinherrscher bloß an sich selbst denke, auf Kosten des Volkes reich werde, was, wie ich als sein Gesandter betonen muß, auf unseren Dionysios gar nicht zutrifft. Wieso mag Platon eigentlich seine sonst so gute Erziehung vergessen haben?«

»Ein Aristokrat ist der Überzeugung, daß ihm alles gestattet sei. Überdies glaubte er sich im Recht.«

»Dionysios setzte Platon auseinander, daß er für sein Volk denke, daß es ihn liebe, weil er es schützt, daß er freche und überhebliche ›Große‹ im Zaume halte. Er wisse, was dem Staat not tue, nicht einzelnen. Er sei gewissermaßen der Mann des Volkes, er sorge für das Wohl des Volkes durch Brot und Unterhaltung. Platon sagte ihm, er vergesse die Tugend und Weisheit zu fördern, die von den Philosophen gelehrt wird. Dionysios müßte alle Philosophen heranziehen, an die Spitze stellen und ihnen nach und nach die Leitung des Staates übergeben.«

»Was sagte der Tyrann?«

»›Nun, das ist weise Theorie. Für die Praxis scheinen mir deine Worte blödsinnig.‹ Und Platon antwortete: ›Deine klingen nach Tyrannei.‹ Diese

Unverschämtheit erboste den Dionysios. Er ließ den Gast festnehmen und wollte ihn mit dem Tode bestrafen. Ein Herrscher kann sich schließlich nicht alles gefallen lassen! Dion setzte sich für den Verhafteten ein und riet von der Todesstrafe ab, denn Platon erfreut sich eines gewissen Rufes in allen Ländern hellenischer Sprache. So ließ sich Dionysios erweichen und meinte, daß man einmal aus der Philosophie einen, wenn auch bescheidenen, Gewinn schlagen könne: Er verkaufte Platon in die Sklaverei.«

»Platons absurde Staatsideen sind nicht seine Gedanken, sondern die des Sokrates, eigentlich spartanische Verfassung. Nur, daß die Kriegerkaste bei Platon an die zweite Stelle rückt und die Philosophen, die vornehmen Nichtstuer, das Land beherrschen sollen. Just wegen seiner Staatsidee habe ich den Sokrates angeklagt ...« Ist das die Wahrheit, oder belüge ich mich selbst? Hat mich nicht besonders seine Verachtung der Dichter gekränkt? Ich lastete ihm und dem adligen Gesindel den Durchfall meines »Thersites« an ... »Was wurde aus Platon? Jedenfalls ist er wieder frei!«

»Dionysios übergab Platon dem Lakedaimonier Polydos, und der brachte ihn in Ägina auf den Markt. Vielleicht verständigte er die Familie, oder waren es Freunde, die die Botschaft übermittelten – so genau bin ich darüber nicht informiert – jedenfalls gelang es ihnen, das Prachtexemplar zurückzukaufen.«

»Er kehrte zurück, war beim Prozeß gegen mich dabei, griff mich an. Ich hatte ja den Sokrates just wegen der sogenannten Philosophenherrschaft vor das Volksgericht gebracht ...«

»Deswegen betrachte ich dich als Freund. Ich brauche dich, ich will versuchen, dir zu helfen. Vielleicht kann dir meine Intervention nützen.«

»Wecke keine törichte Hoffnung in mir. Ich habe mein Leben abgeschlossen, es gibt keine weitere Appellation. Aus Gnade haben sie die Todesart gemildert ...«

»Antisthenes hat mich aufgesucht und für dich gesprochen.«

»Leider wird auch deine Mühe mich nicht retten.«

Er verabschiedet sich, als ob ich noch ein Mensch wäre ... Er läßt Hoffnung zurück, hoffnungslose Hoffnung ...

Manche behaupten, Antisthenes sei von Sokrates abgefallen. Ich sage, er ist von ihm abgekommen durch Erkenntnis, er war wohl der Gescheiteste unter uns und erkannte die Fehler des Meisters sehr bald. Er war nicht demütig, sondern zu stolz, um durch Kleidung zu glänzen, und das zeigte er aller Welt.

Sokrates predigte Muße für die Faulpelze: nur die Muße gewähre die Möglichkeit, in sich selbst hineinzuhorchen. Antisthenes hingegen erkannte den Wert der Arbeit. Er sagte mir einmal: »Arbeit verbindet dich mit anderen Menschen, du tust etwas für sie, sie tun etwas für dich, und jeder nützt der Gemeinschaft. Gemeinsamkeit gibt es nur durch Arbeit und Arbeit nur dort, wo Gemeinschaft besteht. Der Schuster macht bessere Schuhe, als du oder ich fertigbrächten. Der Arzt vermag Krankheiten zu erkennen und zu heilen, dazu aber muß er sein ganzes Dasein in den Dienst der Gesundheit stellen, kann nicht zur gleichen Zeit Korn mahlen oder Kühe melken. Jeder trägt sein Stückchen bei, indem er für andere wirkt und die Gegengabe empfängt. Indem du gerade das leistest, was du kannst und gelernt hast, indem du für deine Mitbürger arbeitest, nützt du deiner Vaterstadt wesentlich mehr, als wenn du, deinen Nabel betrachtend oder durch die Straßen schlendernd, weise Ratschläge erteilst. Wer für seine Mitbürger arbeitet, ist wertvoller, als wer bloß für sie stirbt.«

Und ich werde jetzt für meine Mitbürger sterben, da ich nicht mehr für sie dichten, nicht mehr für sie arbeiten darf. Ich werde ruhmlos ausgemerzt, wie Unkraut!

IV

Mein vorletzter Lebenstag.

Nichts kündigt Gnade an. Ob mein Kerkermeister etwas von den Beschlüssen der hohen Behörde weiß? Er muß vielleicht bei meinem Ende eingreifen, mich bedienen mit dem befreienden Trank, mit dem Becher, der die Welt von diesem unglücklichen Verbrecher erlösen soll!

Da kommt er und bringt mir das Frühstück: einen Krug Wasser und Brot. Ich schütte das Wasser aus und fülle mir den letzten Rest Wein ein.

»Neuigkeiten?« frage ich.

»Keine.«

»Gibt es Hoffnung? Denkt man daran, mich zu begnadigen ...«

»Ich würde dir's herzlich gönnen, doch ich habe gehört, daß der Rat des Gerichts nicht mehr zusammentritt, da dieser doch bereits alle Strafen herabgesetzt hat. Man erzählt auch, daß Herr Anytos bereits abgereist sei, und Herr Lykon soll sich ebenso aus dem Staube gemacht haben.«

»Nur ich ...«

»Auch das ist Strafmilderung, glaube mir, du wirst sanft einschlafen, ohne Schrammen, ohne Schläge.«

So ist es eben. Ich will nicht in Bitternis versinken, obgleich der Trank ein bitterer ist. Solange ich lebe, trinke ich das Restchen Wein ... Ist es mein letzter Trank? Mein vorletzter, meine ich. Ich will weiter dem Spiel der Erinnerung nachhängen.

Dichtung. Mein Leben gehörte der erstaunlichsten aller Künste, wenn ich mir's überlege. Musik ist wunderbar, eine Flöte, eine Harfe bringen Töne hervor, die alle Menschen entzücken, ja auch Tiere. Ein Pferd folgt gewissen Tönen, Vögel ahmen sie sogar nach, es ist ein Sinnengenuß, Musik zu hören. Ebenso ist das Bild schön, das Bildnis etwa eines Mädchens. Welche Farben, welche Formen ... Wahrhaft göttlich ist das Werk des Phidias im Parthenon! Doch welche Sinne sprechen Worte an, gar, wenn sie bloß geschrieben sind? Lieder werden zumeist gesungen, das läßt sie immer neu erstehen, weckt das Aufgezeichnete zum Leben. Das Geschriebene ist eine Art Aufbewahrung, vielleicht ein Samenkorn, das einmal im Munde oder in der Seele eines anderen keimen kann ...

Meine Theaterstücke wurden aufgeführt. Ob sie jemals wieder zu neuem Leben erweckt werden? Wird mich nach meinem Tode jemand aus dem Hades holen, wie es der freche Aristophanes dem Aischylos zustoßen läßt, den Hermes aus der Unterwelt holt, um die Tragödie zu retten und das Werk der Schildkröte auszulöschen ... oder das des Adlers. Aristophanes ließ den Aischylos bloß von den Toten auferstehen, um dem Euripides eins auszuwischen. Unsterblichkeit ... lebt denn ein Drama, wenn es nicht aufgeführt wird? Schauspieler müssen es wiederbeleben, Zuschauer mitfühlen und mitleiden. Sie wurden aufgeführt, meine beiden Stücke. Ich bin ein Besiegter, wie die Trojaner, wie die Troerinnen im Werk des Euripides. Tragödie! Mir scheint sie die höchste Form der Dichtung, eine Welt, die wir selbst schaffen, wiedergebärend eine ganze Welt, eine Menschenwelt. Freilich ist die der »Troerinnen« unmenschlich wie die, die mich morgen ausstoßen wird ... Also echtes Bild! Die Tragödie, die Dichtung überhaupt, gibt die Essenz der Wirklichkeit wieder, in veredelter Form. Die Kunst verfällt! Die Leute strömen zum Schauspiel, doch kein neues, kein bedeutendes wird mehr geschaffen. Ich war der letzte, der es unternahm. Zeigt just mein Fehlschlag, daß die Quelle versiegt ist? Niemand wagt mehr, dem bitteren Schicksal zu trotzen, keiner, das Grauen der Wirklichkeit nachzubilden ... deshalb kein »Prometheus«, keine »Troerinnen«. Keiner überwindet den Tod wie Herakles in der »Alkestis« des Euripides ... Wir nehmen ihn hin, Sokrates und ich ... Pythagoras, Heraklitos suchten Wissen, Sokrates die Weisheit der Tugend aus dem Inneren von Auserwählten. Sie dient den Reichen, die lieber für Sparta kämpfen als für das demokratische Vaterland. Daran geht unsere Kultur zugrunde! Man flieht aus dem Elend in die Illusion der Bilder an der Höhlenwand. Widerspiegelung, die Eidola an Stelle des Wirklichen ... und die Bilder an der Höhlenwand bloß Widerspiegelung. Sie lieben diese Ideen, nicht mehr lebendige, kraftvolle Wirklichkeit: daher nicht Tragödie, sondern Philosophie!

Sokrates predigte Flucht vor dem Wissen, verachtete Kenntnis der Wirklichkeit. In der Höhle verkroch sich Platon. Er trug uns die Geschichte von der Höhle vor, Sokrates nickte verständnisinnig dazu. Wird Platon diese Höhlengeschichte dem Sokrates in den Mund legen? Bisher hat er sich selbst keine Rolle in seinen Dialogen zuerkannt.

Braucht man die sokratische Seelenschau? Was ist denn diese Seele?

Das Gewaltige und Schreckliche und dennoch Großartige kann nur ein starker Mensch ertragen, einer, der in der Welt zu leben, in ihr und auf sie zu wirken vermag. Die untergehen werden, sind zu schwach, um die Wirklichkeit zu erkennen: deshalb starb die Tragödie, kam die Philosophie, die nur den Müßigen dient. Wer Hunger fühlt, will solide Nahrung, Tugend stillt ihn nicht! Wer dem Untergang geweiht ist, weil die Unterdrückten ihre Rechte verlangen, eine neue Moral und Weltordnung, wer seine Stellung verloren sieht, klammert sich an die hergebrachte Überlieferung, an das, was er als Gottgegebenes bezeichnet.

Platon hat von Diotima erzählt, einem Symbol, einem völlig unweiblichen Weibe, einer Priesterin, die Liebe ohne Leib, ohne Beteiligung der Sinne predigt, die schöne Leiber sozusagen für Widerspiegelung der schönen Seelen hält. Daher hatten die schönen Jünglinge um Sokrates schöne Seelen, arme Handwerker oder gar Sklaven häßliche. Alkibiades war der schönste Mann Athens. Kann ihm jemand eine schöne Seele andichten? Da müßte eintreten, was Sokrates behauptete und Platon, daß nämlich die Dichter Lügner seien. Sokrates schimpfte uns Dichter Lügner, just weil wir die Wahrheit künden! Er wünschte den Homer zurechtgestutzt und sittsam, ja, kastrieren möchte er Homer und uns. Homer als Sittenprediger? Homer ist lebendig, bleibt lebendig, weil er echt ist. Besonders in der Odyssee, Odysseus, der Überlister Trojas, der Zerstörer von »Ilions heiligem Städtchen«, wird zum Menschen, weil er als Mensch leidet, weil ein Gott ihm feindlich ist. Und eben als Mensch überwindet er alle Gefahren der See, des Reichs seines Verfolgers Poseidon, blendet den Polyphemos, vernichtet die rohe Gewalt. Dieser König muß sogar arbeiten und sich selbst ein Floß zimmern, wird zum Bettler, verfolgt von neidischen Berufskollegen. Und er merkt gar, daß die menschlichsten Menschen, die Helfer in der tiefsten Erniedrigung, Sklaven sind: Euriklea und Eumaios.

Vielleicht wußte oder plante das Homer gar nicht so. Die Welt dringt ein in die Dichtung, die Dichtung ist Wahrheit, mächtigster Ausdruck der Natur des Menschen. Dichtung ist Arbeit. Die Form zwingt den Dichter zur Arbeit. Ich merke wieder, daß ich den Werkleuten ganz nahe stehe ... Sokrates verachtete die Dichter. Er meinte, in einem wohlgeordneten und weise geleiteten Staate müßten sie überwacht und am Ende gar verboten werden!

Meine Gedanken gehen im Kreise, wie einer, der sich verirrt hat und in der Runde gehend niemals aus der Wirrnis des Waldes herausfindet.

Tragödien konnte ich nur dichten, solange ich mich stark fühlte, von Mut beseelt war, die Wirklichkeit schaute, die Wirklichkeit, nicht Schatten an der Höhlenwand! Also lügen nicht die Dichter, sondern die Philosophen. Damals war ich noch weit von solch tödlicher Erkenntnis. Das Schaffen quoll aus mir, war mein Leben!

Die Herren gehen unter, unsere Welt geht unter, weil wir uns verstrickten in sinnlosem Kampf. Die Welt der Hellenen wird von der Nacht verschlungen! Weil sie nach immer mehr Macht streben, weil sie das Volk verachten ... Besitz wollen sie und nennen das Geist, des Sokrates gelehrige Schüler, die goldene Jugend. Also klagte ich ihn mit Recht an als Verführer der Jugend! Habe ich genügend betont, daß er der Vernichter Athens war? Er wurde verurteilt, doch Platon schreibt! Platon und Glaukon und Phaidon konnten mir noch ihre Giftstachel ins Fleisch bohren.

Wie kam ich dazu, Sokrates zu hassen?

Aus Vaterlandsliebe? Gewiß, seine Gedanken führten zum Verrat, zur Vernichtung unserer Macht, die immerhin die Macht der Gedanken war, nicht rohe Herrschsucht, wie die der Lakedaimonier.

Ich hatte an ihn geglaubt.

Aus Eitelkeit? frage ich immer wieder.

Niemals teilte ich die Muße. Ein Mittelloser kann nicht müßiggehen. Dennoch haben die Opfer meiner Mutter mir ermöglicht, zu lernen und ein Dichter zu werden. Dichtung, zweifelhafte Arbeit. Es ist besser, beim Schuster Narkissos in Lehre zu kommen, mein Sohn!

Es begann mit Alkestis. Sie schien mir ein holdes Bild, eine Statue des Phidias, vollendet und lebendig, ein Geschenk der Götter. Zunächst freilich war sie ein Eidolon, die unerreichbare, wundervolle Wahrheit. Ich fürchtete, daß sie zerbrechen könnte oder verschwinden, wenn ich sie berührte. Heilig schien sie mir geradezu.

So begann ich zu dichten.

Die Verse waren nicht einmal schlecht, wenn ich sie mir ins Gedächtnis rufe. Zuvor schon hatte ich Versmaße geübt, aus Ehrgeiz, selbstgefällig mich lobend, doch Alkestis' Schönheit zwang mich zu dichten. Mir schien der Zweck aller Dichtung, ja der gesamten Natur, Alkestis zu feiern und zu verherrlichen.

Und dann sah ich die »Alkestis« des Euripides auf dem Theater. Alkestis, die für ihren Ehemann sterben will, die todüberwindende Gattenliebe ...

Ich war verliebt. Es war eine ganz andere Liebe als die zu Theodote. Gewiß, ich wollte auch Alkestis umarmen, doch wagte ich es nicht. Wenn sie davonliefe, wenn ich sie verletzte ... Zeigt sich die wahre Liebe darin, daß man Angst empfindet um das geliebte Wesen oder vor dem geliebten Wesen? Ich durfte mit Theodote ins Bett gehen, einer der bezauberndsten Frauen Athens. Wie viele hätten mich um mein Glück beneidet, wenn es nicht hätte geheim bleiben müssen, weil es ihrem Geschäft hätte schaden können, denn so mancher redete sich ein, sie allein zu besitzen, sie allein auszuhalten, obwohl sie doch in Wahrheit keinem gehörte.

Ganz anders Alkestis. Sie gehörte mir nicht bloß (und ich ihr), sie ist der bessere Teil meiner selbst. Das fühlte ich. Durch sie wurde ich zum Dichter, bis dahin war ich bloß ein Versemacher gewesen. Ich wollte ein guter Mensch sein um ihretwillen.

Ich las ihr meine Gedichte vor, und da errötete sie noch einmal. Als ich ihr von neuem auflauerte, dankte sie mir für meine Verse. Heute versteht sie Dichtung und ihren Wert, damals, als kleines Mädchen, schmeichelte es ihr vielleicht nur, doch auch das ist schön gewesen! So entsprang die Dichtung meinem Leben, Dichtung wurde mir zum Daseinsinhalt, zum Lebenszweck. Nie habe ich bedauert,

Alkestis gefunden zu haben. Bald muß ich sie als Witwe zurücklassen. Werde ich sie an einen anderen verlieren? Ich wünsche ihr Glück, schwer genug hatte sie's mit mir. Wenn sie einen reichen Mann fände, der sie wirklich liebt, könnte es auch meinen Kindern zugute kommen. Andererseits: Alkestis in eines anderen Mannes Umarmung ...

Hat sie mich zu dem gemacht, der ich bin, oder fand ich in ihr, was der jugendliche Dichter erträumte? Habe ich sie aus meinen Träumen geformt? Durch sie fand ich den rechten Weg. War es der rechte Weg? War nicht mein ganzes Erdenleben eine Reihe von Fehlschlägen? Alkestis und die Kinder hätten ein besseres Dasein gehabt, wenn ich ein vermögender Kaufmann geworden wäre. Oder zumindest ein begüterter Handwerker wie Anytos. Dann hätte ich mir auch mein Leben erkaufen können! Ich möchte nicht mit Anytos tauschen, dessen Sohn ein verkommener Säufer ist. Er wird zugrunde gehen, wie ihm Sokrates fluchend geweissagt hat.

Für Alkestis mußte ich Schönheit, nein, nicht Schönheit, Wahrheit mußte ich schaffen.

Die Tragödien des Aischylos, des Sophokles und Euripides zeigten mir, wie der Mensch sich selbst finden kann in der Dichtung, viel tiefer erkennt er sich da als in den Moralpredigten des Sokrates. Ich war stolz darauf, ein Athener zu sein, da ich die Atridentrilogie des Aischylos sah und hörte. Das war das Wirkliche, viel echter als unser Heim, in das Vater abends müde zurückkehrte und in dem ihn Mutter empfing, der der Küchenduft anhaftete … Dort, im Riesenrund des Theaters, war die wahre Welt, zeigte sich, wie das Schicksal uns zu Ehrgeizlingen macht, wie ein Streber die Tochter opfert für Ehre und Größe der Achäer oder damit Agamemnon ihr Oberfeldherr bleibe, um die Truppen zum Siege und sich zu unsterblichem Ruhme zu führen. Klytemnästra, die beraubte Mutter, rächt die Tochter, doch findet auch allzumenschlich ihre Freude mit Aigisthos, dem Usurpator, der aus Liebe und Herrschsucht zum Mörder wird. Und Orestes, der zum Muttermörder werden muß. Er wird entsühnt. Kann man entsühnt werden? Gibt es Tieferes, Rührenderes und Erschütternderes als des Sophokles wunderbare Antigone? Mit Ismene führt sie den durch schuldlose Schuld geblendeten Vater aus dem Palast, und dennoch wirkt sich auch an ihr, der besten der Menschen, das furchtbare Schicksal aus. Unsere Welt wird reicher durch die große Kunst, das Tiefste und Leidvollste in uns selbst wird uns erschlossen. Das Dasein ist der Mühe wert, weil wir die gewaltige Last des Lebens und der Schuld mittragen, weil es dic Werke des Aischylos und des Sophokles gibt. Und die meines Euripides, der ganz zu den Menschen herabgestiegen ist von Titanen und Heroen, der das Unheimliche der Medea zeigt, das Elementare des Weibes, die Grausamkeit des Siegers, das schreckliche Los der Besiegten.

Mein Herz schlägt schneller. Über dem grausamen Los der Atriden vergesse ich meine eigene Tragödie … Sophokles und Euripides, selbst sie konnten die Wortgewalt des Aischylos nicht erreichen. Die Tragödie stirbt, was jetzt erzeugt wird, ist Abfall, wird nicht bleiben. Und meine Werke?

Ich wollte. Das Wollen genügt nicht, es muß strömen aus mir selbst oder aus geheimnisvoller Quelle. Natur muß es sein, nicht Ausgeklügeltes ... Aus erlebter Welt entsteht Dichtung, und sie wieder wird zu unserer Wirklichkeit. Der geblendete Oedipus ist so wirklich wie ich, wirklicher sogar, denn er wird leben, wenn ich tot bin, vielleicht noch in tausend und zweitausend Jahren ...

Ich wagte es, und es gehörte Mut dazu. Wenn man aber nicht ausreicht, ist es eben nicht Mut, sondern bloß Frechheit, sich an den Ort zu wagen, wo die drei Unvergleichlichen ihr Wort erhoben. Alkestis flößte mir Kraft und Mut ein, diese Welt zu erobern, und ich wollte sie erobern, um sie meiner Alkestis zu Füßen zu legen. Sie glaubte an mich und meinen Stern. Wenn sie verlangt hätte, daß ich eine einträglichere Tätigkeit suche, hätte ich ihr gehorcht? Auf meine Berufung hätte ich nicht verzichten können. War ich berufen, war ich vielleicht nur eitel, war nicht auch ich bloß ein Streber oder gar ein ehrgeiziger Stümper?

Die drei Unvergleichlichen fanden die meisten Heroen ihrer Tragödien in Homers Werken. Auch ich suchte meine tragischen Helden in Odyssee und Ilias.

Den Homer »verbessern«, Götter dürfen keine Fehler haben, meinte Sokrates. Ares darf nicht schreien, wenn ihn eine Wunde schmerzt, Poseidon darf nicht rachsüchtig sein. Und wie ist das mit Apollon, der Pestpfeile ins Achäerheer abschießt? Bei Homer brüllt Ares laut, der Kriegsgott. Siegt er in der Ilias? Sokrates wollte alles so dargestellt haben, daß es den Oligarchen den Rükken stärkte. Ob ein von Philosophen beherrschter Staat besser wäre als ein von den Politikern geleiteter? Wenn wir Politiker hätten, wie Perikles einer war, dann wären die Politiker die wahren Philosophen.

Ich suchte nicht Eidola, nicht Vorbilder, sondern Abbilder der Wirklichkeit. Auch diese fand ich in Homers Werken.

Zwei Helden suchte ich mir aus.

Eumaios, den Sohn eines Königs, der, als Gefangener verkauft, zum Schweinehirten absinkt. Warum ist dieser Mißhandelte dem Herrn treu? Weiß er bereits, kann er wissen, daß der Kluge, Tüchtige, Begabte besser ist fürs Volk als die Herde der prassenden Freier? Sind diese nicht just diejenigen, welche sich die Besten nennen, die zur Herrschaft berufenen Aristokraten? Steht er zu Odysseus, weil dieser Ithaka von den Fressern und Säufern retten wird? Kann Odysseus des Eumaios Weisheit erkennen und anerkennen? Die getreue Amme Euriklea steht zu ihrem Brustkinde. Doch warum rettet sie nicht die unglücklichen Mägde, die Buhlerinnen genannt werden, doch Opfer sind, die ihrem Triebe folgen, oder dem Zwang der Herren … Homer nennt sie Tauben, vergleicht sie mit Tauben, die im Netz zappeln, da sie an die Dachbalken gehängt werden. Eine neue Tragödie des

Eumaios schrieb ich, der Königsohn, der das Sklavenlos erlebt hat, der hinabgesunken ist in den Schweinekoben. Da er den Tod der Mägde sieht, erkennt er das Unrecht, das Unheil und wendet sich gegen den grausamen Herrn, der am Ende nicht besser ist als die gefräßigen Freier. Odysseus richtet nun seinen Bogen auch gegen ihn. Da erscheint Mentor, der Weise, in Wahrheit Pallas Athene, meine Göttin der Weisheit, des Wissens und unserer Stadt, und Eumaios betet im Sterben zu ihr, daß der Pfeil segensreich sei. Sie bewegt den Schlauen, seinen Fehler zu erkennen, und er selbst setzt Telemachos an seine Stelle, den Ziehsohn Athenes.

Demokratie kannte man zur Zeit der Achäer noch nicht, ein Nichtkönig durfte nicht zum Herrn werden, wohl aber mußte Odysseus, Athenes Schützling, dem menschlicheren Zögling der Göttin die Herrschaft abtreten. Er hatte genug gehandelt, zu viel sogar, wie er am Schlusse einsieht.

Dem Sokrates gefiel mein Plan nicht.

»Die Zeit der Dichter und der Lügner ist verflossen, die der Weisheitsliebenden dämmert auf. Weise müssen die Änderung bewirken, nicht ein Schweinehirt!«

»Hast du nicht gesagt: Werde, der du bist?«

»Habe ich das gesagt?«

»So habe ich dich gehört und verstanden.«

»Ich meinte damit, daß der Mensch dem Gotte gehorchen solle, dem Delphier: erkenne dich selbst, um zu wissen, wer du bist.«

»Sollte es nicht lieber heißen: schaffe eine Welt, in der deine Mitbürger würdig existieren können? Ich will auch Telemachos mit unserer Stadt, mit der Stadt der Weisheitsgöttin Athene, in Verbindung bringen.«

»Erst erfasse, was Weisheit ist und Genügsamkeit. Nimm dir ein Beispiel an mir. Nicht einmal Schuhe trage ich, keine zerrissenen wie Antisthenes, ich gehe unbeschuht durch die Welt.«

Also glänzt auch du durch deine Eitelkeit, dämmerte mir. Ich sagte natürlich nichts.

Antisthenes betrachtete Menschen und Länder, da brauchte er starkes Schuhwerk, nicht elegante Sandalen, wie jene Stutzer, die ihre Zehennägel färbten, als ob sie Mädchen wären. Sokrates beschränkte seine Spaziergänge auf die Stadt. Die Zeit der Feldzüge war vorbei, der Zustand, in dem wir lebten, wurde Frieden genannt, und er dauerte schon lange.

Alkestis begann mir zu helfen. Schon damals nähte sie für eine Schneiderin, die vornehmen Damen ihre Kleidung anfertigte, erhielt Stücklohn. Plagen mußte sie sich. Und Kinder kamen. Und ich, ging ich müßig, während ich Tragödien verfaßte?

Eumaios wird in meiner Dichtung von Odysseus getötet, und gerade dadurch, durch das Gräßliche, kommt Telemachos zur Herrschaft, gerade durch die Untat gelangte der Richtige ans Ruder.

Alkestis stärkte mich, nicht durch kritiklose Bewunderung. Manchen Vers fand sie hinkend, und gelegentlich nannte sie einen Gedanken irrig, das

Vorgehen einer Person unmöglich. Einmal sagte sie: »Das kannst du denken, das entspringt dem Kopf des Dichters Meletos, des gebildeten Zeitgenossen der Tragöden und Philosophen, nicht dem des Schweinehirten Eumaios.« Da wurde ich ärgerlich und zweifelte an meinem Genius und an ihrer Liebe. Am Ende fand ich oft, daß sie recht hatte, und folgte ihren Ratschlägen.

Nicht hingegen befolgte ich den Rat des Sokrates, diese Tragödie nicht zu Ende zu führen, da das Thema verfehlt, das Problem und seine Lösung unmöglich seien. Er kreidete mir einfache Nachahmung der Wirklichkeit an: daß es nämlich Sklaverei gibt und diese grausam ist, selbst für den bevorzugten und treuesten Diener – und unerlaubte Aufforderung zur Rebellion. Keines von beiden sagte er offen heraus, sondern fragte: »Wer wird eine Tragödie sehen wollen, die einen Sklaven verherrlicht? Wird man den Schweinehüter auf den Kothurn stellen wollen?«

»Die Troerinnen des Euripides werden in die Sklaverei verschleppt.«

»Euripides ist derjenige, der den Niedergang der Tragödie verursachte, fort ist die Erhabenheit eines Sophokles, das übermächtige Schicksal in den Werken des Aischylos.«

»Eumaios ist weise und geht bloßfüßig durch die Welt wie du«, griff ich ihn an und schmeichelte ihm zugleich, »er ist, wie du, ein heimlicher König. Eumaios sucht nicht selbst das Herrscheramt auszuüben, obgleich er durch Geburt dazu berufen wäre, sondern den begabten Jüngling und Philosophen zum König zu machen. Er will durch Telemachos das Reich verbessern, wie auch du künftige Staatsmänner heranbilden willst, wie auch du nicht persönlichen Glanz suchst, sondern Wirkung.« Was tut man nicht alles, um der eigenen Dichtung willen, um endlich auf die Bühne des Theaters zu gelangen? Zu jedem Opfer ist man bereit, sogar zur Lüge!

Konnte meine Selbstschätzung ertragen, daß Alkestis ihre Finger wundsticht, weil ich zum Dichten Muße brauchte? Ich gab den Stolz auf, der schließlich auch bloß Ausdruck der Eigenliebe ist. Freilich, wenn ich ehrlich sein und mich nicht schlechter machen will, als ich bin, wenn ich also ehrlich überlege, finde ich, daß meine Muße keine Faulheit bedeutete, sondern Arbeit, oft sogar bittere Mühsal. Mein innerer Dämon zwang mich, die Tragödie des Eumaios zu schreiben. Wer aber würde sie spielen?

Wer kannte mich?

Man riet mir, mich an einen gewissen Iphikrates zu wenden. Er hatte beim Theater das Amt, die eingereichten Stücke zu lesen und zu empfehlen oder abzulehnen.

»Nun ja«, sagte er, »da muß ich mich hineinvertiefen. Das kostet Zeit, Zeit, in der ich Geld verdienen könnte. Du weißt ja selbst, daß Dichten kein einträgliches Geschäft ist, wie kann man dann durch Dienst an der Tragödie, der bedeutendsten Form der Dichtung, zu Geld kommen?«

»Wenn ich das wüßte ...«

»Ich habe eine Familie zu erhalten, du verstehst gewiß, daß man nebenbei zu Einnahmen gelangen muß. Mein Gehalt ist viel zu gering. Wir Dichter müssen einander unterstützen, auch ich verfasse Tragödien.« Niemals hatte ich seinen Namen nennen hören. »Ach ja«, fuhr er fort, »ich war früher Soldat, Hauptmann sogar, so lag mir Heldentum und Tragik ... und diese kleine Stelle hier ist mein Lohn.«

»Und deine Werke?« fragte ich.

»Eines wurde aufgeführt ... ich hatte nicht genug Geld, um Lobhudler zu heuern. Man muß bezahlen, wenn man will, daß das Stück günstig beurteilt wird ... und anderen muß man die Hände schmieren, damit sie bei der Aufführung klatschen und begeistert Lärm schlagen. Ein Ratsherr Athens war freundlich, mein Stück wurde aufgeführt, fand aber kaum Beachtung. Doch der Ratsherr vergaß mich nicht und verschaffte mir diese Stellung hier. Kann ich aber von dieser Stelle leben? Ich nahm eine Frau, und obgleich ich nicht mehr ganz jung war, trafen nach und nach zehn Sprößlinge ein.«

»Auch ich habe eine Frau, die Ärmste muß sich plagen, muß nähen, während ich Tragödien verfasse. Die braven Bürger meinen, daß einer, der schreibend herumsitzt, einer, der dichtet, in Wirklichkeit ein Nichtstuer und Nichtsnutz ist. Die sich Weisheitsfreunde nennen, sind die wirklichen Müßiggänger ...«

»Du meinst diese Muttersöhnchen, richtiger wäre, sie Vatersöhnchen zu nennen, denn das Geld kommt vom Papa. Die haben keine Sorgen, viele auch keine Ehegattinnen, dazu sind sie nicht Manns genug. Hat einer unserer drei Großen gelebt wie sie, hat jemals einer von ihnen die Neigung dieser Laffen gezeigt, der Weisheitsfreunde?«

»Ich merke, daß wir einander verstehen«, rief ich hoffnungsfreudig.

»Dann kennst du ja auch mein Los, lieber Freund, weißt um Ananke, den Zwang des armen Mannes. Alles kostet Geld.«

»Und ob ich das kenne und verstehe«, natürlich verstand ich nicht.

»Meine Alte hilft nicht, verdient nicht mit wie die deine, sondern beschert mir jedes Jahr ein neues Handwerk, das essen will. Die Gören kugeln in meinem Heim durcheinander. Wie viele hast du?«

»Drei hungrige Mäulchen, der Jüngste ist erst vor zwei Jahren angekommen.«

»Laß mir dein Stück hier, Bruder.«

»Und wann darf ich wiederkommen?«

»In zehn Tagen, nein, besser in zwanzig. Ich will es gründlich lesen.«

Zwanzig Tage später betrat ich von neuem das Zimmerchen am Rande des gewaltigen Rundes des Dionysos.

»Aha, da bist du, Freund und Kollege.«

»Jawohl, Iphikrates. Was sagst du zu meinem Stück?«

»Ich muß dir gestehen, daß ich leider mit Arbeit überlastet war und bin. Du kannst dir kaum vorstellen, wie das so geht, jedermann stürmt in ein öffentliches Amtslokal und meint, daß nur er wichtig sei. Alle halten einen Beamten für ihren Knecht, den sie mit Steuergeldern füttern, so finde ich, offen gesagt, in meinen Amtsstunden keine Zeit, um deine gewiß empfehlenswerte Tragödie zu lesen.«

Mein Herz hatte schnell geschlagen, ich hatte es sogar im Halse gefühlt, und nun saß ich da, ohne Bescheid, niedergeschlagen, betrübt. »Was kann ich tun?«

»Ich könnte das Stück abends in meinen freien Stunden lesen, meiner Familie und meiner Erholung die Zeit rauben ...« Und meine Zeit?

»Darf ich dich darum bitten, kann ich dir das zumuten?« Wie blöd ich war, wie gutgläubig und naiv! Immer noch verstand ich ihn nicht.

»Was tut man nicht für einen Kollegen, einen jungen, aufstrebenden Dichter.« Ich war bereits über dreißig Jahre alt, hatte das Empfinden, daß die Jahre fliehen. Sie flohen zu schnell. »Wenn ich meine Familie beraube, meinen Kindern nicht bei ihren Studien helfe, meiner Frau nicht ... Mein Gehalt ist zu knapp, ich muß in meinen freien Stunden etwas dazuverdienen.«

»Wieviel kostet die Stunde, und wie viele Stunden wirst du zum Studium meines Werkes benötigen?« fragte ich, nun endlich verstehend.

»Viele, ich muß gewissenhaft sein, viele Stunden. Ich will ein ausführliches Exposé verfassen, damit es erfolgreich sei. Manche zahlen mir sehr viel, suchen mich gar zu bestechen, doch ich bin anständig und objektiv. Man kennt meine Macht, dein Werk soll nicht liegenbleiben, gewiß ist es empfehlenswert ...« Schließlich rückte er mit seinem Preis heraus: Fünf Minen.

»Das ist ja ungeheuerlich, so viel besitze ich nicht.«

»Dann tut's mir herzlich leid, du mußt eben warten, bis die Reihe an dich kommt.«

»Wann wäre das?« fragte ich unglücklich.

»Nun, bei dem, was so auf mich einstürmt, etwa vier oder fünf Jahre.«

Ich war nahe daran, in Ohnmacht zu fallen, die Beine wurden mir teigig weich unter dem Körper. Nicht einmal, als ich mein Urteil vernahm, verlor ich das Bewußtsein, ich bewährte mich als Mann. Als ich wieder zu Atem gekommen war, sagte ich: »Fünf Minen, das ist doch beinahe der Preis eines Sklaven, der Wert eines Menschen!«

»Wenn du mir einen so billig besorgen kannst, kaufe ich ihn dir ab, um meiner Gattin das Dasein zu erleichtern, besonders wenn er weiblichen Geschlechts und hübsch ist«, Iphikrates lachte.

Tief betrübt zog ich ab.

Wie immer, wenn mich etwas bedrückt, sah mir Alkestis den Kummer an.

»Was fehlt dir, Meletos?«

»Glück.«

»Einmal nanntest du mich dein Glück, das ist vorbei«, klagte sie schmollend, um mich zu erheitern.

»Das bist du für alle Zeit, du bist die Beste auf dieser Erde, doch ich bin einer solchen Frau nicht würdig, bin ein Versager, ein Dichter, dessen

Werke keiner kennt, dessen Tragödie ungelesen verstaubt ...«

»Ich habe mich in dich verliebt, weil du mir so prächtige Verse gewidmet hast.«

»Bist reingefallen, ich habe mein Versprechen nicht gehalten, du wirst nie einen berühmten Mann haben.«

»Also abgelehnt? Auch Preisrichter können irren. Vielleicht kannst du das Stück in Epidauros einreichen, dort sind sie vielleicht gerechter ...«

»Oder weniger geschäftstüchtig.« Ich war völlig verzweifelt, meine Hoffnung war zusammengebrochen wegen einiger Minen ... einer Stange Geld, die wir nicht aufbringen konnten.

»Geschäft sagst du, tüchtig ... was ist dir zugestoßen?«

Erleichtert es das Herz, mindert es das Unglück, wenn man darüber sprechen darf?

»Das ist noch kein Fehlschlag«, entschied Alkestis.

»Woher nehme ich fünf Minen?«

»Ein wenig habe ich heimlich zurückgelegt, man kann nie wissen, wenn etwa noch ein Kind käme ...«

»Dann würden wir jede Drachme brauchen. Ausgeschlossen, letzte Reserven anzugreifen ...«

»Also warten? Vielleicht muß dein Stück noch abliegen ...«

»Warten ist ein gräßliches Übel, eine Strafe! Und fünf Jahre heißt niemals, bis dahin ist es vergessen, oder vielleicht ist dann ein anderer als Iphikrates im Amt.«

»Du bist ein ungeduldiger Mensch. Frage andere Leute um Rat.«

»Ich kann doch nicht verraten, daß Iphikrates Bestechung fordert, da wäre ich verloren ...«

»Die Wahrheit muß man verschweigen, um den Takt zu wahren«, spottete sie.

»Wie soll man dichten, wenn man die Wahrheit verschweigen muß, anstatt sie hinauszuschreien?«

So ungefähr redeten wir daher, als ob die Nichtaufführung des Theaterstücks das größte Unglück wäre. Wir ahnten damals nicht, was uns noch bevorstand!

Ich ging zu Aristippos, denn ich wußte, daß dieser über Geld verfügte.

»Fünf Minen, lieber Freund, so viel habe ich nicht im Sack. Ich lebe zwar nicht von meiner Hände, aber immerhin von meines Kopfes Arbeit, und der Kopf steht nicht hoch im Kurs. Glaube mir, daß ich nicht so viel Geld habe.«

»Du lebst doch recht gut.«

»Wirfst du mir Geiz vor? Sokrates beschuldigt mich der Geldgier, weil ich mir meine Arbeit bezahlen lasse, wie ein Sophist.«

»Ich habe dir nicht vorgeworfen, daß du Geld verdienst, noch viel weniger, daß du es benötigst. Doch woher nehme ich die Summe, die ich brauche?«

»Du mußt sie dir ausleihen.«

»Ich bitte dich nicht um ein Geschenk, falls du mich etwa mißverstanden hast, sondern um ein Darlehen.«

»Ich verfüge nicht über so eine große Summe, doch gibt es Leute, die ein Geschäft daraus machen, Geld zu verleihen.«

»Wie finde ich den Weg?«

»Ich kann dir ihn nicht weisen. Frag einen Klügeren, geh zu Sokrates.«

Machte er sich über mich lustig? Sokrates, der Verächter von Geld und Gut, der Selbstlose, dem man niemals von schnödem Gewinn sprechen durfte!

Ich fand Sokrates in seinem Hause und zu meiner freudigen Überraschung noch dazu allein.

»Meletos, junger Freund, wie lange ließest du dich nicht sehen.«

»O Sokrates ...«

»Ungetreuer, du hast mich verlassen, wandelst mit den Göttern.«

»Leider habe ich keine Beziehung zu Hermes, dem Gotte, der mit Geld umzugehen versteht.«

»Apollon, der Schutzherr der Künste, spricht niemals von schnöden Drachmen.«

»Was aber tut ein Kunstbeflissener, wenn ihm Geld fehlt?«

»Er hungert.«

»Hunger könnte ich ertragen, wenn ich selbst bloß mit halbleerem Magen herumlaufen müßte, doch habe ich eine Frau und drei Kinder.«

»Weiser ist es, allein zu bleiben.«

»Du bist auch verheiratet und hast Nachkommen gezeugt.«

»Der Weise ist nicht immer klug«, entgegnete er lachend.

»Die Gesetze gebieten, die Moral verlangt, daß man eine Frau heirate, ehe man Kinder mit ihr zeugt. Was bliebe von Schönheit auf dieser Erde, wenn wir, wenn Athen vergeht. Wir müssen es erhalten. Meinst du, daß es klüger wäre, sich keiner Frau zu verbinden?«

»Was immer von beiden einer tut, ob er heiratet oder Junggeselle bleibt, er wird es bedauern.«

Mit weisen Sprüchen war ich versorgt, nicht aber mit Geld! »Ich brauche dringend eine Summe. Es geht um meine erste Tragödie. Meine Hoffnung ruht auf diesem Werk, mein ganzes Leben habe ich hineingelegt.«

»Und wieviel ist dein Leben wert?«

Nicht eine halbe Drachme, das weiß ich heute. Damals aber wußte ich das noch nicht! »Das hängt vom Erfolg ab, Meister.«

»Erfolg also suchst du, Anerkennung durch Sterbliche?«

Gewiß, denn sie sind das Maß aller Dinge. Eine Weisheit, mit der man ihm nicht kommen durfte, da sie von dem verhaßten Konkurrenten stammte. »Wie kann man wissen, ob das Geschaffene zu Menschen spricht, wenn es keiner hört.«

»Stimmt. Warum aber kommst du zu mir? Du weißt, daß ich von Tragödien und Dichtern nicht viel halte.«

Begann in diesem Augenblick mein tiefer Haß gegen Sokrates? »Ich brauche das Geld für den Geist, für meine unsterbliche Seele, denn meine Seele habe ich hineingelegt in das Werk.«

»Und was hat die mit Geld zu schaffen?«

Mir blieb nichts anderes übrig, als mein trauriges Erlebnis zu berichten.

»Ich kenne einen, der Geld verleiht, wenn du willst, werde ich mit ihm sprechen.«

»Wie schnell kann er mir die fünf Minen beschaffen?«

»Eilt es sehr?«

Ich bejahte.

»Bis morgen.« Plötzlich schien er mir gütig, eben doch ein Weiser, ein Guter, ein Gerechter. »Nur noch eines, du scheinst wirklich nicht bewandert in Geldangelegenheiten, der Verleiher muß sicher sein.«

»Wenn ich eine Rückzahlung verspreche und du, der gerechteste der Menschen, für mich bürgst …«

»Das genügt nicht. Der Geldverleiher kennt mich zwar, er weiß daher auch, daß ich ein armer Mann bin. Er verlangt einen Garanten, das heißt einen, der im Notfall, wenn du etwa nicht imstande oder nicht gewillt wärest, die Schuld zu tilgen, statt deiner bezahlt.«

»Wer könnte das für mich tun? Du hast doch viele begüterte Schüler.«

»Die leben vom Geld ihrer Väter und kommen oft damit nicht aus. Nein, das geht wohl nicht. Vielleicht könnten Aristippos oder Antisthenes, die, ungetreu meinem Vorbild, sich ihre Arbeit bezahlen lassen, für dich bürgen. Sie sind schlau geworden statt weise, deshalb genießen sie das Vertrauen der Wucherer.«

Zu Aristippos konnte ich nicht gehen, der hatte

mich zu Sokrates geschickt und hätte, wenn er Vertrauen in meine Zahlungsfähigkeit besäße, mir die fünf Minen selbst geborgt. Also ging ich zu Antisthenes.

»Lernst du endlich die Wege der Menschen kennen? Wichtig ist das Geld. Nicht das Wasser ist das Edelste, wie Pindaros in einer Ode poetisch behauptet, sondern das Geld. Sag, mein Sohn«, obgleich wesentlich älter als ich, war er dennoch zu jung, um mein Vater sein zu können, »an wen soll ich denn die Garantie ausstellen?«

»Ich kenne den Namen des Verleihers nicht. Sokrates ist so gütig, das zu besorgen.«

»Frage ihn, an wen die Garantie geht.«

Sokrates sagte mir, daß Geldverleiher nicht gerne genannt werden. Ich sollte ein Schriftstück bringen, das besagt, Antisthenes bürge und garantiere für die Ehrenhaftigkeit des Meletos und daß innerhalb eines Jahres die Summe von sieben Minen zurückgezahlt werde.

»Wieso sieben?« fragte ich, »ich ersuche doch bloß um fünf.«

»Gewiß, fünf wirst du erhalten, sieben mußt du zurückzahlen, darin besteht das Geschäft des Verleihers ...«

So kehrte ich zu Antisthenes zurück.

»Fast wäre es gescheiter, dir die fünf Minen zu schenken, dann wüßte ich genau, wieviel ich verliere. Ich habe aber den Betrag nicht. Trotzdem gebe ich dir den Schein ›an den, der Meletos sieben Minen für ein Jahr leiht‹. Das Datum ist von dir einzusetzen.«

Schon am folgenden Tage händigte mir Sokrates das Geld ein.

Ich wollte dem Wohltäter die Hand küssen, in seiner Bescheidenheit lehnte er das, beinahe empört, ab.

Nachdem ich Iphikrates das Geld gegeben hatte, beeilte er sich, das Stück zu lesen. Sein Urteil: »Mein lieber Meletos, das Drama ist nicht schlecht, du verstehst, ein Theaterstück zünftig aufzubauen, und du dichtest schöne und wohlklingende Verse. Ich muß jedoch meines Amtes walten.«

»Das weiß ich, deshalb habe ich dir die Riesensumme eingehändigt. Da du die Qualität der Tragödie lobst, wirst du sie zur Aufführung empfehlen.«

»Ich habe bloß versprochen, sie zu beurteilen. Als anständiger Mensch und pflichtbewußter Staatsbeamter konnte und durfte ich nicht voraussagen, wie mein Urteil ausfallen werde, ob ich also die Aufführung empfehlen kann oder nicht. Du bist ein begabter Dichter, Freund Meletos, du hast Talent.«

»Danke, demnach …«

»Du vergeudest deine Gaben. Wie könnte ich eine Tragödie empfehlen, wenn mich das mein Amt kosten würde?«

»Wieso, wenn sie gut ist?«

»Sogar mehr als das Amt, den Kopf, und deiner könnte auch in Gefahr geraten, das wäre schade. Wir leben in schönster Ruhe und Zufriedenheit. Niemand wünscht, einen König abzusetzen …«

»Wir haben keinen König, wir haben Demokratie ...«

»Die dreißig erlauben ganz gewiß nicht, daß das Volk Athens durch ein Theaterstück aufgewiegelt werde, in dem der legitime Herrscher abtreten muß, in dem ein Schweinehirt rebelliert, in dem die Freier – die Reichen und Adligen – übel dastehen und in Massen ermordet werden. Die Aristokraten sind nicht eben liebevoll behandelt.«

»Das sind sie auch nicht in Homers Werk.«

»Der ist lange tot.«

Morgen bin auch ich tot ... leider wird mein Werk nicht weiterleben, wie das des Homer!

Damals brauste ich auf: »Die Odyssee können sie nicht zensieren.« Ich vergaß, daß Sokrates eben das vorgeschlagen hatte und daß Kritias sein Schüler war.

»Erhebe deine Stimme nicht gegen mich. Ich bin bloß ein kleines Rad am Wagen, und ich will dich vor Unheil bewahren, das mußt du verstehen.«

»Und die fünf Minen ...«

»Die habe ich durch ehrliche Arbeit verdient. Ich las dein Werk, teilte dir meine Meinung mit und versorge dich mit gutem Rat.« Er gab mir das Manuskript zurück. Ich unterdrückte meine Wut und verprügelte ihn nicht. Er war übrigens ebenso groß wie ich und wesentlich breiter, außerdem hätte er Wachen rufen und mich ins Gefängnis bringen können.

Die arme Alkestis mußte sich plagen. Nach einem Jahr konnte ich die Hälfte der Summe zurückzahlen, und ein weiteres Jahr mußte ich Schuldner bleiben. Es kam damals besser, als ich erwartet hatte, beinahe vergesse ich jetzt die Glücksfälle in meinem Dasein, Alkestis ist einer und der andere ... Die Götter waren gnädig, nein, nicht die Olympier, selbst angesichts des Hades will ich mir die Wahrheit eingestehen. Ich hatte die Unsterblichen um Hilfe angefleht, doch mich retteten damals die Sterblichen, das Volk Athens. Es erhob sich unter der Führung des Demokraten Thrasybulos. Die dreißig wurden gestürzt, und Kritias war mutig genug, um im Kampfe zu fallen, im Kampfe gegen das eigene Volk, das sich von diesem Sokratiker befreite! Das war mein Glück. In einer Nachkriegszeit war ich aufgewachsen, wenn ich's überlege, in einer kriegsmüden Zeit, die einer durch Verrat, durch den faulen Frieden des Nikias, heraufbeschworenen Niederlage folgte. So hatte nicht bloß ich nie gekämpft, hatte keine Waffen gehandhabt ... und da ging es mit einem Male los. Thrasybulos war ein Mann im Sinne des Perikles. Leider stellte sich erst viel später heraus, daß er kein Staatslenker war wie Perikles. Immerhin erwachte der Geist der Demokratie. Alle folgten Thrasybulos, auch ich war unter der Menge, hatte ein Beil in der Hand. Ich weiß nicht, wie ich dazu kam, jemand hatte mir die Waffe in die Hand gedrückt. Ich war nicht mehr ich selbst und dennoch mehr ich selbst als je zuvor. Gegen die Tyrannen, gegen die Unterdrücker, für das Volk, für Athen. Ich war das Volk, ich war Athen, ich gehörte dazu, ich war stark, stark wie noch nie!

Auf die Akropolis!

Wir nahmen die Burg, wir eroberten unseren Berg, wir verjagten die Herrchen, die von den Spartanern eingesetzten, die Vaterlandsverräter …

Da standen die Soldaten, große, ausgesuchte Kerle mit Lanzen und Schwertern. Sie stürmten gegen uns, wir wichen zurück, dann traf ein Spieß einen der Soldaten, der stürzte, Volk trampelte über ihn, eine blutige Masse. Von einem Gebäude hagelten Pfeile, Bogenschützen standen dort. Wieder Zurückweichen und neuer Ansturm, Wut, befreiender Zorn. Plötzlich merkte ich, daß ich keine Angst hatte. Neben mir fiel einer, von einem Pfeil in den Hals getroffen, blutüberströmt. Habe ich einen erschlagen, habe ich einen getötet? Irgendwo krachte etwas unter meinem Hieb, noch einmal. Jemand schrie. Ein Schwert kam nahe, ich schlug nochmals zu. Wen habe ich getroffen?

Ich war dabei, ich befreite die Akropolis, die herrlichste aller Burgen. Wir retteten das Werk des Perikles. Rufe:

»Kritias ist tot!«

»Die Burg ist unser!«

»Athen gehört wieder dem Volk!«

»Es lebe die Demokratie!«

Da wußte ich: Die Demokratie war auferstanden! Die Demokratie lebte wieder! Mein Volk hatte sie gerettet, ich hatte sie gerettet, ich gehörte dazu!

Es war der herrlichste Rausch, dieses Bewußtsein: ich gehörte dazu.

Und nun hat mich gerade dieses Volk, zu dem

ich gehörte, ausgestoßen aus seinen Reihen, aus der Masse der Lebendigen …

Kritias war tot, der Tyrann der Tyrannen, der Schüler des Sokrates!

Als Thrasybulos gesiegt hatte, als Ruhe eintrat, eine frohe und freudige Ruhe, unsere Ordnung, ging ich wieder zu Iphikrates.

»O mein Freund, mein lieber Meletos, sei gegrüßt.« Zuckersüß war er, und er umarmte mich. Ich kann die Berührung von Männern nicht vertragen, doch wir waren alle Brüder. »Endlich haben wir uns von den Tyrannen befreit, das Volk von Athen hat gezeigt, daß es Bedrückung nicht verträgt, nicht duldet …«

»Ich habe mitgekämpft«, unterbrach ich seinen Redeschwall, stolz, mich überlegen, weil mehr dazugehörend fühlend. Ich wußte sehr wohl, daß diese jämmerliche Amtsratte bereits um den Posten zitterte.

»Ich … nun ja … ich bin zu alt. Einst war ich Hauptmann … ja aber … ich war mit euch … gegen Sparta …« Er war verwirrt.

»Du freust dich also? Jetzt werden rebellische Stücke benötigt.«

»Gewiß, man bietet mir bereits Zahlung an dafür, daß ich die Freiheit feiernde Werke begünstige, ich meine, die Dichter. Mit einem Schlage schießen Freiheitstragödien aus dem Boden, wie Pilze nach einem warmen Regen.«

»So schnell kann man keine Tragödien schaffen. Nicht einmal den größten Unsinn kann man in wenigen Tagen zusammenkleistern.«

»Du solltest dein Stück wieder einreichen.«

»Und dich von neuem bestechen?« Jetzt bin ich der Sieger!

»Bestechen, was meinst du damit?« fragte er im Tone höchsten Erstaunens, er klang gar noch gekränkt! »Du hast die Lektüre bezahlt, ich kenne dein Werk. Die Zeit hat sich geändert, und ich werde die Aufführung empfehlen. Bringe mir das Manuskript bald zurück ... du weißt ja, wie viele Sprößlinge mir meine geliebte Gattin beschert hat ...«

»Ich selbst habe drei. Und durch dich bin ich verarmt, ins Elend geraten, während du den Tyrannen zu Willen warst. Du hast, wie Achilles dem Agamemnon ins Gesicht schleudert, ein Hirschherz ...«

»Erster Gesang der Ilias«, sagte Iphikrates, »fehlt nur noch, daß du mir auch die Hundeaugen andichtest und mich einen Trunkenbold nennst, um deine Bildung zu zeigen.«

»Bestechlichkeit werfe ich dir vor, denn du willst nochmals gekauft werden. Doch jetzt bin ich ein Freund der Regierung, habe das Ohr des Thrasybulos ...« Tatsächlich wußte Thrasybulos, daß ich gekämpft hatte, ich hatte mich ihm zur Verfügung gestellt nach dem Siege. Er entsann sich meines Vaters, hatte ihn gekannt.

»Ich habe dir soeben gesagt, daß du dein Stück bringen sollst. Ich freue mich, es empfehlen zu können als eine Art Siegesfeier und Beginn der Volksherrschaft, der Erneuerung dessen, wofür ja auch der Hauptmann Iphikrates ehrlich gekämpft und gelitten hat. Ich bin Invalide des großen Krieges, ein Pfeil ist mir in den Schenkel gedrungen ... Du siehst mich immer nur sitzend, ich hinke ...«

So wurde meine erste Tragödie in kürzester Zeit zur Aufführung empfohlen, angenommen, und ich erlebte Proben, fand Kontakt mit den Schauspielern, die von jedermann und vor allem von den Mädchen bewundert wurden. Endlich durfte ich Alkestis künden, daß sie die Frau eines Mannes war, der sich durchsetzte, der etwas galt, der ihrer würdig war. Nach und nach sah ich, wie mein Werk lebendig wurde, ich sah die von mir geschaffenen Menschen, hörte meine Worte von der Bühne.

Die Uraufführung kam. Spannung im Publikum. Sie sind sie selbst geworden, meine Gestalten. Eumaios überzeugt, Eumaios der Sklave, der sterbend den Herrn übertrifft, dem er allzutreu gedient hat. Athene ist die bildende Göttin, Athen setzt sich durch, Athene siegt! Ithaka ist unser, Hellas ist gerettet!

Alkestis saß neben mir.

»All das gehört dir, ich danke dir.« Beinahe begann ich unmännlich zu schluchzen vor Glück.

Applaus dröhnte.

Iphikrates, im Amte bestätigt als Invalide und Hauptmann außer Dienst, betonte, daß er stolz darauf sei, die Aufführung meines Stückes durchgesetzt zu haben. Der Heuchler verneigte sich vor dem Erfolgreichen.

Sokrates war sogar im Theater und beglückwünschte mich und sagte, er freue sich, daß ich nun bald von der Schuldenlast befreit würde.

»Und auch meine arme Frau«, sagte ich, was Sokrates überhörte.

»Laß dich durch den Erfolg nicht blenden«, riet mir der Weise. Dann fügte er hinzu.: »Vielleicht kommen endlich einmal die Philosophen zur Herrschaft, diejenigen, welche es verstehen.«

»Nennst du Kritias einen Philosophen, der dein Schüler war?« Ich war plötzlich verärgert.

»Ich gebe zu, daß er übertrieben hat. Ich selbst habe mich ihm widersetzt, doch er hörte nicht auf meine Ratschläge.« Hat er ihm jemals geraten, milder zu sein? Warum hat er ihm nicht beigebracht, dem Volke zurückzugeben, was ihm gehörte, die Gesetze zu achten, der Gerechtigkeitsfanatiker! Er hatte gelehrt, daß Gerechtigkeit darin bestehe, sich den Gesetzen zu fügen, da sich jedoch die Masse gegen die Herrschenden erhob, nannte er das nicht Befolgung des Gesetzes, sondern Aufruhr. »Schade, daß dein Theaterstück einen Sklaven verherrlicht. Du hast mich verlassen, bist mir untreu geworden ...«

Gingen mir die Augen auf? Wem war ich untreu? Mehr bedeutete mir Athen als Sokrates. Er versicherte nochmals, wie er sich darüber freue, daß ich nun meine Schulden abzahlen könne.

Ich verabschiedete mich höflich.

Das Glück verlieh mir Flügel. So begann ich sehr bald die nächste Tragödie, und ich wurde noch kühner. Natürlich suchte ich den Stoff wieder im Werk des Vater Homer. Nochmals war es einer der vergessenen Helden, der Kleinen ... Man darf ihn wohl eigentlich gar keinen Heros nennen, denn er ist nicht gewillt, für die Großen und Mächtigen, zum Ruhm der Könige der Achäer, zu sterben. Er wird zwar von Odysseus, dem Zerstörer Trojas, gelegentlich verprügelt, doch kehrt er lebend heim, fällt nicht wie Patroklos oder Hektor. Homer war gerecht, er fühlte mit dem Unterlegenen, der wahre und große Heros seines Iliongesanges ist ein Gegner der Achäer, doch aus königlichem Hause, Thersites hingegen war der Mann aus dem Volke, der Fußsoldat. Er stand nicht stolz auf dem Kampfwagen, lenkte nicht die Rosse wie Diomedes.

Verglich ich ihn mit Sokrates? Sokrates hatte niemals einen Vorgesetzten, er hatte tapfer gekämpft, hatte den Ruhm an Alkibiades abgetreten. Der Glanz und Ruhm gehörte immer demjenigen, der ohnehin ausgezeichnet und reich ist! Das sollte aufscheinen in meiner Tragödie.

Thersites ist keiner, der den Königen seine Taten abtritt.

Niemand hatte bisher das Schicksal des Soldaten behandelt, bloß die Heimkehr des Königs Odysseus und des Königs Agamemnon. Da durfte also meine Phantasie walten, Odysseus einerseits und die Heimkehr des anderen Kriegers, des Gemeinen, des keineswegs Ausgezeichneten, war Thema meiner zweiten großen Dichtung. So wurde Thersites, der Schimpfende und »Feige«, der nicht sterben wollte, um einem König die davongelaufene Frau zurückzuholen, zum Helden, zu meinem Helden.

Thersites also ... Ich schlüpfte in seine Seele,

oder lieh ich ihm meine eigene Seele? Ließ ich ihn sagen, was ich fühlte? Er sah nicht aus wie ich.

»Du bildest dich nicht ab im Thersites«, stellte Alkestis fest.

»Ich will das Volk zu Worte kommen lassen. Das Volk wird den Chor bilden, die Ereignisse besprechen und kritisieren.«

»Stehen sie wirklich zu Thersites?«

»Er erhebt sich, der Feigling und Drückeberger wird zum Führer des Volkes, weil er für das Volk kämpft.«

»Die Demokraten setzen sich fest. Immer besteht die Gefahr, daß sich die Herrschenden bereichern, obgleich sie aus dem Volke stammen, und neuerlich zu ... nicht zu den Besten ... zu den Reichen stehen, so daß eine Plutokratie entsteht.«

»Das alles kann ich nicht in diese Tragödie hineinweben. Sie handelt schließlich zur Zeit der Achäer, nicht der athenischen Hellenen.«

»Dennoch, vielleicht solltest du das bedenken ...«

»Bist du ängstlich?«

»Nur pessimistisch ...«

»Man hat eine gute Meinung von dem, worum man gekämpft hat, von unserer Demokratie.«

»Weil man damit ein hübsches Bild von sich selbst schafft, sich selbst emporhebt.« Manchmal ärgerte ich mich über Alkestis, beinahe meinte ich, sie zu hassen, wenn sie offen aussprach, was ich lieber nicht denken und nicht wahrhaben wollte.

Sie hatte recht mit dem Zweifel, wie sich unsere Demokratie entwickelte ...

Wie ich mich nach ihr sehne, nach meiner unerbittlichen Wahrheit! Sie wird kommen, einmal ist mir noch gewährt, sie zu sehen. Sollte ich ihr's nicht ersparen? Den Anblick eines Sterbenden … Sollte ich mir nicht ersparen, ihren Schmerz zu sehen? Oder wird mir ihr Schmerz wohltun? Haben mich nicht meines Sohnes Tränen gestärkt? Sie wird kommen, sie wird kommen!

Wird sie die letzte sein? Ich habe diesen Wunsch geäußert, sie ist mein Leben, und mit ihr soll mich mein Leben verlassen.

Der Wächter hat mir anderen Besuch angekündigt, einen Philosophen. Noch einen Philosophen, der Botschafter genügte nicht! Weiß der Kerkermeister überhaupt, was ein Philosoph ist?

Thersites … Die Chöre wurden stark und heftig, mir schienen und klangen sie überzeugend. Das Publikum wird sie bejubeln, und die Worte des Thersites werden ihnen zu Herzen gehen! Der Fußsoldat ist im Grunde ein Weiser. Verachtet er die Herrschenden? Nein, verachten kann er sie nicht, weil den Gegner gering zu achten die größte Dummheit ist! Ich glaube zwar nicht, daß Wissen gleich Tugend ist, wohl aber, daß Dummheit uns mit unverzeihlicher Schuld belasten kann! Wenn man den Gegner unterschätzt, setzt man auch den herab, der ihn bekämpft, also sich selbst. Vor allem aber ist man unvorbereitet.

War ich das? Bin ich ein Opfer meiner eigenen Unzurechnungsfähigkeit?

Ich stellte mir Thersites zuerst ungefähr in der Maske des Sokrates vor. Spielte der Weise nicht den Mann aus dem Volke? Natürlich durfte Thersites nicht die Maske des Sokrates tragen, es war keine naturalistische Komödie. Die Tragödie unterliegt strengen Spielregeln. Aristophanes durfte Sokrates auf die Bühne stellen. In der Komödie.

Iphikrates blieb der treue Diener jeder Regierung. Als ich wieder zu ihm kam, begrüßte er mich als alten Freund. Da er mich für einflußreich hielt, las er den »Thersites« ohne Extravergütung und meinte dann: »Du bist ein großer Dichter, Nachfolger des Sophokles, dessen Ajax ja auch von Odysseus betrogen wird. Thersites verzweifelt nicht, verfällt nicht dem Wahnsinn, weil er von Odysseus verprügelt wurde. Ja, so sind wir alten Krieger ... Alles, was mir mein Heldenmut eingebracht hat, ist diese aufreibende, schlecht bezahlte Arbeit! Sag mal, könntest du einem alten Freund nicht an die Hand gehen?«

»Schon wieder«, begann ich empört.

»Ich halte deinen ›Thersites‹ für ein brauchbares Stück. Ich habe es sogleich gelesen, stellte alle Konkurrenten zurück, denn ich wußte von vornherein, daß es sich nicht um das Machwerk eines Stümpers handelt, sondern um echte Dichtung.« Wie gerne schenkte ich dem alten Speichellecker Glauben! »Ich trage es also unter die in Betracht zu ziehenden Tragödien ein. Allerdings gibt es deren viele. Wenn du mir nun helfen könntest. Man hat mir zwar gnädigst mein Ämtchen gelassen, aber mein Gehalt haben die sogenannten Volksfreunde nicht gesteigert, lassen einen verhungern. Kannst du mir wieder mit fünf Minen aushelfen? Du bist ein anerkannter, erfolgreicher Autor, einer, der sogar im ersten Theater von Hellas aufgeführt worden ist. Da kann dir ein so bescheidenes Sümmchen nicht wehtun. Ich werde dein Stück nicht nur wärmstens empfehlen, sondern in der Reihe der aufzuführenden Tragödien ganz nach vorne schieben.«

Ich gab dem Hauptmann im Ruhestand tatsächlich fünf Minen. Damals fühlte ich mich geradezu reich. Der »Eumaios« hatte recht gut getragen, viele Male war der heilige Halbkreis vom Publikum gefüllt worden.

Der große, gefeierte Mime war von Anfang an nicht von der Rolle des Thersites entzückt. Es sei unter seiner Würde, einen gemeinen Mann darzustellen, er, der stets Könige spielte, der königlich auftrat, selbst noch als der zum blinden Bettler gewordene Oedipus Tyrannos.

»Mein Thersites ist kein Tyrannos, er ist der Mann aus dem Volke, in dem wir alle uns wiederfinden.«

»Der erste Schauspieler ist kein namenloser Chorist!« Schade, daß du so ein Dummkopf bist, dachte ich, beruhigte mich jedoch bei der Überlegung, daß kein Schauspieler seine Rolle verdirbt, weil sie ihm nicht gefällt. Er will sich gewiß nicht Schätzung und Liebe des Publikums verscherzen. Freilich verlangen sie Rollen, die ihnen auf den Leib geschrieben sind. Euripides verstand sich stets ausgezeichnet mit seinen Darstellern, der erhabene Sophokles selbst war ein Theatermensch.

Nur ich dachte, daß ich dichten dürfe, wie ich will, sagen, was ich zu sagen hatte, anstatt mich mit den Bühnenleuten zu beraten! Das wichtigste war mir, was ich zu künden wünschte. Vielleicht lassen sie mich gerade deshalb verstummen?

Sokrates sprach mich auf der Straße an, inmitten seines Chors. Er hat ja seine eigene Tragödie sehr wohl mit einem Chor auszustatten verstanden, mir wird keiner einen Nachruf halten wie ihm!

»Was ficht dich an, den Thersites zum Helden einer Tragödie zu wählen? Das ist Wahnsinn, einen häßlichen und ungehobelten Mann ...«

»Du legst auch keinen Wert auf körperliche Schönheit«, entgegnete ich.

»Daher konnte mich ein Komödienverfasser auf die Bühne bringen, der mich als Sophisten verleumdete, einen, der sich von seinen Schülern bezahlen läßt.«

»Und dem der Zögling dafür das Haus anzündet.« Das, fiel mir sogleich ein, hätte ich nicht sagen dürfen, da doch sein Haus tatsächlich abbrannte. Allerdings war das um einige Jahre früher geschehen, lange vor dem Theatererlebnis!

Damals war ich sogleich zur Unglücksstätte gerannt, hatte noch ein wenig Glut, doch keine Flamme mehr gesehen. Der älteste Sohn des Sokrates hatte eine kleine Brandwunde erlitten und eine tiefe Wunde im Schenkel. Er war mit einem Beile herangeeilt, um noch Brennendes fortzuhacken, hatte sich selbst getroffen und war beim Sturz auf ein noch glimmendes Bett gefallen. Böse Zungen sagten dem Sokrates nach, daß er selbst das Haus angezündet hätte, durchaus in der Absicht, es keinen schweren Schaden leiden zu lassen, wohl aber, um Sophroniskos mit einer leichten Wunde vom Militärdienst zu befreien.

Oft war mir Sokrates rätselhaft. Wenn sich Rätsel lösten, war ich meist erstaunt und enttäuscht, ja ärger als das, entsetzt.

Alkibiades machte ihm, nach dem Brand des alten Hauses, ein Grundstück in einem eleganten Stadtteil zum Präsent. Angeblich schien es dem Weisen zu vornehm, denn er hatte wiederholt behauptet, daß er Luxus verachte. Man braucht keinen bedeutenden Künstler, um ein Wohnhaus zu errichten, und es kostete ihn nicht viel: Seine Zöglinge ließen sich nicht nehmen, dem bescheidenen Manne das Baumaterial zu schenken, und zur Arbeit schickten sie ihre Sklaven.

Mancher, der Kritias verabscheut und für die neue Regierung gekämpft hatte, war nun von der Demokratie enttäuscht. Viele hatten einträgliche Ämter erwartet, nicht aller Wünsche konnten befriedigt werden. Doch Thrasybulos schien mir ein würdiger Nachfolger Kleons, und das Volk mußte merken, daß unter allen Dichtern nur ich seine Sache vertrat.

Zu meinem Staunen saßen bei der Uraufführung Leute in der ersten Reihe, von denen ich nicht erwartet hätte, daß sie die Gestalt des Thersites ins Theater locken werde. Meine ehemaligen Kollegen aus Sokrates' Schule und andere elegante Männer waren im Publikum verteilt. Allerdings sah ich auch ehrliche Feinde, die meinen »Thersites« nicht gutheißen wollten, und Gesindel, das keineswegs an Kunst oder gar an tragischer Dichtung Geschmack finden konnte. Übles Pack war darunter, das gegen Zahlung Lärm schlug und sich dabei noch groß und mächtig fühlte, vor allem aber seinen Spaß am Skandal hatte. Die Leute wurden, wie ich später erfuhr, mit Fleisch und Wein traktiert. Es war ein reiches Traubenjahr und der Wein spottbillig, und einen oder zwei Ochsen von ihren Gütern konnten die Stutzer wohl springen lassen.

Als Thersites verprügelt wurde, lachte und johlte das Publikum, was keineswegs meiner Absicht entsprach. Wie war das möglich? Waren diese jungen und die nicht mehr so jungen Gecken wieder so einflußreich? Warum lief ihnen die Menge nach, folgte ihren Zeichen? Die Schreihälse waren bestochen, betrunken, auch trunken von der Möglichkeit, einen Menschen zugrunde zu richten, gelenkt von den Schülern eines Mannes, der die Dichter fesseln, die Tragödie vernichten wollte.

Es gibt keine Helden mehr, wozu dann das Theater?

Ein häßlicher Bursche, der Reden gegen die Glänzenden hielt, die ihnen von Kindheit an als Vorbilder dargestellt worden waren, schien ihnen kein Held! Plötzlich galt nicht Sokrates als der Feind der Dichter, sondern *ich*! Nicht die geschniegelten Weisheitsfreunde stürmten gegen mein Stück an, weil sie Schicksal und Tod nicht mehr ins Auge zu blicken wagten, sondern das Volk!

Die Menge erhob sich gegen Meletos, der sich für den letzten der Tragöden hielt, der das Werk der größten Hellenen fortsetzen wollte!

Thersites war arm zurückgekehrt, hatte sich glücklich durchgeschlagen, hatte ein paar Silberstücke Sold erhalten, die kaum ausreichten, um ihn bis in seinen Heimatort zu bringen. Die Herren verlachten und mißhandelten ihn, doch die Zuschauer fühlten nicht mit ihm, wandten sich nicht gegen die Ausbeuter! Sie wollten ihm nicht gleichen. Am ärgsten wurde es, als Thersites die anklagte, die auf ihren Kriegswagen dahinrasten, während die hungernden Fußsoldaten tapfer kämpften und um die Beute betrogen wurden. Als Thersites die Augen aufgingen und er Wahrheiten aussprach: Man hat das Volk in ein fernes Land geführt, gegen ein anders Volk gehetzt, um einem der Mächtigen seine Frau zurückzubringen, eine Frau, die zu einem anderen gegangen war, der vielleicht besser war, ein tüchtigerer Liebhaber, ein Mann mit gütigerem Herzen, klüger vielleicht, stärker vielleicht, männlicher vielleicht, ein Mann, der sich nicht Jungen ins Bett holt ... begann das Publikum zu toben:

»Schweinerei!«

»So was gehört nicht ins Theater des Dionysos!«

»Entweihung der göttlichen Stätte!«

»Erniedrigung des großen Homer!«

Thersites rief das Volk auf, sich von den Herren nicht wieder zur Schlachtbank führen zu lassen, nicht noch einmal in trügerische Abenteuer. Jeder konnte die Anspielung auf Alkibiades verstehen.

Es war nicht sehr vornehm, nicht gerade edel von mir, Alkibiades war bereits tot ... Thersites riet: »Denkt an euch selbst, auf gegen die Heuchler ... für den Ruhm und Glanz des Vaterlandes gewiß, doch wenn es euch gehört, gewinnt euer Land für euch selbst zurück.« Klar, daß sich das auf Kritias bezog und die dreißig Tyrannen:

»Gedenket der Krieger,
um euch vor ihnen zu schützen.
Statt ihnen zu dienen
befreit euch von denen,
die euch knechten!«

Da brach der Sturm los gegen mich:
»Der hetzt gegen das Vaterland!«
»Volksverräter!«
»Du willst uns an die Perser verkaufen!«

Nicht die Perser hatte ich gemeint, und Alkibiades hätte doch Athen und ganz Hellas an den Perserkönig verkauft, wenn er es erobert hätte!

An wen werden sie Athen verkaufen? An die Punier in Afrika, an die Makedonier im Norden, an die Römer, die über Großgriechenland herfallen könnten?

Mein Thersites sagt pessimistisch:

»Die Herren bleiben Herren,
ob wir siegen oder fliehen,
geschlagen werden wir ...«

Immer ärger tobten die Zuschauer. Nur mit Mühe und wahrem Opfermut, den ich dem ersten Mimen, der doch das Stück nicht mochte, nicht zugetraut hätte, gelang es, die Tragödie zu Ende zu führen.

Thersites, der »Feigling«, »der Schimpfende«, stirbt am Ende für das Volk, für sein Volk. Und bei seinem Tode brach Jubel aus.

»Wir sind ihn los!«

»Nieder Thersites, stirb!«

»Fort mit dem Häßlichen!«

Das also war die Befreiung? Wozu hatten wir das Joch der dreißig abgeworfen? So dachte ich erbittert. Ich hielt die beorderten und gekauften Schreier für mein Volk. Die Mitläufer, die ewig Verführten, durfte ich sie verurteilen, weil sie geblendet waren? Ich glaubte, sie verurteilen zu müssen, ich war verzweifelt, denn sie verurteilten ja mich! Sie verurteilten mich, weil ich die Stimme erhob für sie.

Hatte ich schlecht gesprochen? War ich unfähig, mich verständlich zu machen? War bloß die Epoche der Tragödie zu Ende? Wurde ich zu spät geboren? War mein »Thersites« zu schwach? War er ein Kind einer schwächlichen Zeit?

Ich war geschlagen.

Die dreißig hatten eine Menge von Demokraten hinrichten lassen. Doch Thrasybulos wollte zeigen, daß man ein Volk mit Güte lenken, erziehen kann. Er war zu schwach. Um das Volk zu lenken und die Macht fest in den Händen zu halten, hätte er den Übeltätern das Handwerk legen, sie ausrotten müssen.

Meine Tragödie erregte kein Mitgefühl, kein Herz schwang mit! Thersites erregte in den Reichen keine Furcht. Sie inszenierten ein Satyrspiel ...

Ich gab Sokrates die Schuld an unserem Unglück, an meinem Unglück. Seine Moral war verlogen, seine Weisheit hatte zur Schreckensherrschaft des Kritias geführt. Der Meister der Tugend bildete verdorbene Jünglinge heran. Ist Platon tugendhaft? Der breite, der ruhige, selbst wenn er in die Sklaverei verkauft wird. Er wußte gar wohl, daß Freunde und Verwandte über genug Geld verfügten, um ihn zurückzuholen. Hat er, der Sklave war, je ein Wort gegen die Sklaverei geschrieben? Er wurde aus der unwürdigen Lage befreit, fand jedoch nicht unerhört, nicht unmenschlich, daß Menschen für Geldeswert verkauft werden! Er ist ein Herr, wohlgeboren, ein ganz anderer, als die zum Sklavenlos Bestimmten. Sie verlangen Ideale, Bilder, Vorbilder. Die Wahrheit der Dichter verwarf Sokrates, und Platon will gar Dichter als Lügner nicht in seiner Idealrepublik der Philosophen dulden. Schönheit sollten sie sehen. Hektor ist ihnen der tragische Held. Hektor ist in der Tat ein tragischer Held, er fällt, seine Vaterstadt verteidigend, seinen Herd, seine Frau, sein Söhnchen. Diejenigen aber, die ihn gegen Thersites ausspielten, verrieten den Geist der Heimat. Die Wahrheit ist, sie ertragen den Spiegel der Wirklichkeit nicht. Sie fürchten, daß sich die Armen im Spiegel der Wirklichkeit erkennen!

Natürlich ging nicht alles gut unter Thrasybulos. Noch litt das Land an den Folgen der Niederlage, des faulen Friedens. Da erwachte dann der Haß gegen diejenigen, denen es niemals an Brot gemangelt hatte und an Fleisch und fleischlichen Genüssen. Vielleicht war mein armer »Thersites« um ein Jahr zu früh geboren worden?

War Sokrates der Schuldige? War er wenigstens einer der Schuldigen, stand im Solde der Verbrecher, wie die armseligen Lärmmacher im Theater des Dionysos? Ob er in ihrem Dienst stand oder ob er nicht in ihrem Dienst stand: er war ein Schädling!

Ich zerbrach mir damals den Kopf darüber.

Eines Tages kam Anytos zu mir.

Der bedeutende Mann, der Abgeordnete, besuchte mich, den durchgefallenen, den verkrachten Dichter, den lächerlich gewordenen Verfasser von Tragödien, den Arbeitslosen, den Tagedieb, der sich von seiner Frau erhalten ließ. Mein Heim war so armselig, daß ich mich vor dem Besucher schämte. Da kam der Volksführer, der wichtigste Mann im Rate, der Kopf der fortschrittlichen Partei, der Anwalt der Armen und Arbeitenden ... was auf das gleiche hinausläuft. Denn die Arbeitenden bleiben arm. Wer sich seiner Berufung widmet oder auch nur seinem ehrlichen Beruf, hat keine Zeit, um genügend Geld zu verdienen, keine Gelegenheit, Bestechung einzuheimsen. Er kann nicht anlegen, was er nicht hat, keine Goldstücke auf Zinsen verleihen, damit sie Junge kriegen.

Anytos war ein kräftiger Mann, schien mir beinahe fett. Nein, nicht fett, verbesserte ich damals in Gedanken, denn ich gehörte zu seinen Anhängern, er ist muskelstark, denn er ist ein Handwerker und vertritt diejenigen, die mit ihrer Muskelkraft wirken. Er legte das Überkleid ab, es war ein heißer Tag.

»Sei gegrüßt, Meletos.«

»Auch dir Gruß, Anytos, welche Ehre ...« Ich suchte verzweifelt nach einer Sitzgelegenheit, fand einen Schemel, auf ihm saß meine Frau, wenn sie nähte. »Nimm Platz«, sagte ich. »Ich kann dir kein bequemes Möbelstück anbieten, schrecklich, wie ärmlich ich dich empfangen muß. Ich weiß dennoch die Ehre deines Besuches zu schätzen.« Ich war devot, durch meine Niederlage gebrochen.

»Es ist eine Ehre für mich, den Dichter aufzusuchen, und über deine Armut mache dir keine Sorge. Natürlich ist Mangel an Mitteln ein arges Übel, ich verteidige ja die Rechte der Armen, die der Masse, ich suche Gerechtigkeit für sie. Man muß endlich die vor den Richter bringen, die Schuld tragen am Elend in Athen, weil sie alle ihre Vermögen bereits in andere Länder verschoben haben. Die Schuldigen müssen einmal zur Verantwortung gezogen werden ...«

»Und wird das den Armen helfen?« unterbrach ich.

»Es wird die Gewissen aufrütteln, an die vergangene Niedertracht erinnern, uns nicht nur vor Wiederholung schützen, sondern die Demokratie erst richtig festigen.«

»Du willst ein neuer Kleon werden.«

»Zu große Ehre wäre das. Doch da du es sagst, ein Dichter und Mann des Geistes, und nicht ich, danke ich dir für deine Meinung. Wir müssen denen den Mund schließen, die genau nach dem Wunsche der Spartaner reden, Freunde des Kritias und seiner Genossen, die die besten unter unseren Kämpfern ermordet haben, die Helden umgebracht haben, die mit Kleon gegen die Lakedaimonier kämpften!« Ich verstand nicht, warum er mir eine Wahlrede hielt, da er doch wußte, daß ich seine Meinung teilte, sein Parteigänger war. »Genau wie Kleon bin ich selbst einer der Arbeitenden, einer von denen, welche von den weisen Herren verachtet werden. Ich rieche, gleich Kleon, nach Gerberlohe. Wir hatten nicht Muße, um die Weisheit zu schlürfen, wie die Herren Platon, Xenophon, und gar nicht zu reden von den Übelsten. Ich bin ein einfacher Mann. Kleon und ich, wir haben niemals unsere Schicksalsgefährten vergessen. Ich war der Freund des Volkes, und deshalb wählten sie mich in den hohen Rat.«

»Du weißt, daß auch ich die Hand erhoben habe und für dich gestimmt in der Volksversammlung.«

»Ich weiß das zu schätzen. Es gibt eben Männer von Talent und Gescheitheit, die mit uns gehen, Gelehrte und gar Dichter, eben die wirklich Besten. Und du wurdest ein Opfer der übelsten Intrige jener Leute, die sich als die Edelsten und Besten bezeichnen.«

»Ich wollte mein Scherflein dazu beitragen, dem Volke von Athen den Weg zu weisen, und es hat mich verlacht und ausgepfiffen.«

»Eines Tages werden sie wissen, daß man sie betrogen hat.«

»O mein Anytos, wenn ich das doch glauben,

wenn ich immer noch meine Mitbürger lieben könnte ...«

»Man muß sie lieben! Was du siehst, unser Athen, haben sie geschaffen. Wenn sie ungebildet sind, wenn man sie unbelehrt läßt, vielleicht gar zur Dummheit verführt und sie dadurch ungerecht und grausam werden, sollte ihnen ein Mann wie du nicht die Schuld daran beimessen.«

»Ich wollte sie belehren.«

»In zu hoher und edler Sprache.«

»Sie verstehen sogar einen Aischylos!«

»Weil man ihnen seine Helden von klein an mundgerecht macht. Prometheus, der die Menschen geschaffen und ihnen das Feuer vom Himmel geholt hat, muß von jedermann verehrt werden. Agamemnon ist der Heerführer der Achäer, der Sieger, auf dem ein tragisches Geschick, ein verdammtes Erbe lastet. Homer kennt jeder, Homer gilt immer. Thersites aber steht bei dir ganz anders da als bei Homer! Wie sollen Menschen, die in Homers Sinne erzogen sind, deinen Thersites begreifen?«

»Kommst du, um mich zu trösten?« fragte ich, etwas verspätet schien mir das, doch hatte ich den Schmerz um meine Niederlage nicht überwunden, und überdies hatte mich der Durchfall meiner Tragödie auch wirtschaftlich ruiniert.

»Gegen uns, die Fortschrittlichen, hetzen sie ständig, weil sie jede Aufklärung verhindern wollen. Wer schreiben und lesen kann, ist gefährlich. Wer denkt, kann zur Einsicht gelangen. Nur von Sokrates soll die goldene Jugend lernen. Er ist wohl in Wirklichkeit bloß ihr Hofnarr, er wird mit ihnen gesehen, ist populär, weil man über ihn lächeln kann. Er trichtert ihnen volksfeindliche Gedanken ein. Platon verkündet bereits, daß die Verfassung des Lykurgos die weiseste sei und daß der Philosophenstaat viel von ihm lernen müsse.«

»Immerhin hat Aristophanes, der Diener der Reaktionäre, Sokrates angegriffen.«

»In der Komödie ist vieles gestattet, alles wird verziehen, wenn man darüber lachen kann, und dein Sokrates ist eben ein komischer und lächelnder Gauner.«

Ein komischer Gauner? Ich hielt den Mann für schädlich und schuldig. Ich klagte ihn an. Die Todesstrafe allerdings verhängten die Richter über ihn. Haben Menschen überhaupt das Recht, das zu nehmen, was die Natur oder die Götter dem Menschen gegeben haben: das Leben? Einsperren darf man den, der gefährlich ist. Aber hinrichten?

Da kommen mir wieder Gedanken, die gar nicht hierher gehören, denn ich will mir gerade den Besuch, den für Sokrates und für mich fatalen Besuch des Volksführers Anytos ins Gedächtnis rufen. Ich will mir mein Dasein noch einmal vorspielen.

War es richtig, Sokrates die Missetaten eines Alkibiades, eines Kritias anzulasten? Und die Staatsideen, die jetzt Platon ordnet und nach und nach veröffentlicht?

Das war gemeint, als ich ihn anklagte, daß er die Jugend verdorben habe! Das war mein schwerster, mein gewichtigster Anklagepunkt. Doch der Weise war schlau, lenkte ab, und im nachhinein, in den Schriften Platons und Xenophons, die mich umbringen, scheint es sich um ganz andere Probleme zu handeln als um politische! Dem Anytos aber war, wie mir, just die politische Verführung der Jugend der wesentliche Grund der Anklage.

Je mehr ich nachdachte, um so mehr Fehler entdeckte ich an meinem einstigen Lehrer, immer verwerflicher schien er mir. Daß er mit Theodote schlief …

Daß er niemals Zahlung genommen, Geld verlangt hatte …

Daß er sich ein Haus schenken ließ …

Daß er sich auf Gelagen einen Kugelbauch anfraß und ansoff …

War ich neidisch und ungerecht?

Beraubte ich seine Familie, seine Söhne, nicht des Ernährers und seine Frau des Gatten? Es ist bitter, daß ich Alkestis und die Kinder schutzlos und arm zurücklassen muß. Sollte ich Anytos bitten? Unsinn, Anytos ist fort, hat sich aus dem Staube gemacht, er wurde begnadigt, er hat sich gerettet … Sonderbar, daß alle mit Leder zu tun hatten, Kleon, Anytos, die Gerber, über deren stinkendes Geschäft sich Sokrates lustig machte, und nun mein Meletos! Alle Schuster waren Anhänger des Anytos, auch die Wämsemacher, denn er lieferte ihnen bearbeitetes Leder, fertiges.

Habe ich nicht die Familie des Sokrates gestraft, gerade die Unschuldigen? Seine Witwe ist berühmt als keifendes Weib … meine Alkestis hingegen ist die Güte selbst …

Der Kerkermeister ist immer freundlich, geradezu dienstbeflissen. Er betrachtet mich anscheinend noch als einen Freien.

»Eine Besucherin«, kündigt er an.

»Wer?« Alkestis? Theodote?

»Xanthippe.« Was? Will die sich an meinem Elend weiden, dem Schicksal, das ich ihrem Manne zugefügt habe und das mich nun selbst erfaßt? Sogar Sokrates hat sie aus seinem Kerker hinausgeworfen, weil sie ihn bei lebendigem Leibe beweinen wollte.

»Kommt denn meine Frau nicht?«

»Du hast doch selbst gewünscht, daß sie die letzte sein soll. Vor ihr kommt noch einer, der sagt, daß er dir wichtige Mitteilungen zu machen hat.« Welche Neuigkeit sollte mir wichtig sein, da es doch keine Begnadigung mehr geben kann?

Er weiß nichts, Auskunft darf ich von dem armen Kerl nicht erwarten. »Also die Witwe des Sokrates«, sage ich. »Laß sie herein!«

3. DIALOG

»Gruß dir, Meletos«, eine Frauenstimme, eine erstaunlich wohlklingende Stimme, dunkel und eher tief.

Ich schaue auf.

Sie ist viel jünger gewesen als Sokrates, sie sieht immer noch gut aus, geradezu eine hübsche Frau.

»Gruß dir, Xanthippe. Was bringt dich dazu, mich an dieser traurigen Stätte zu besuchen?«

»Dich sehen.«

»Ich wollte seinen Tod nicht«, sage ich schnell, »angeklagt freilich habe ich ihn ...«

»Du hast mir großen Schmerz verursacht«, sie wischt eine Träne fort, eine echte Träne, denn sie ist sichtlich bemüht, sich zu beherrschen, mir keine Szene vorzuspielen. »Du tust mir leid. Du glaubst mir wohl nicht? Antisthenes, der als herzlos Berüchtigte, ist der einzige unter den einstigen Schülern des Sokrates, der noch gelegentlich in mein Haus kommt, nach mir und meinen Söhnen fragt. Er sagt, du seist ein guter Mensch. Früher hätte ich das nicht geglaubt, alle Qualen der Unterwelt habe ich dir gewünscht ...«

»Und jetzt vergibst du mir?«

Sie nickt.

»Du hast Sokrates geliebt?« frage ich.

»Ja.«

»Seiner Weisheit wegen?«

»Davon habe ich nichts bemerkt. Vielleicht war ich zu dumm, um ihn zu verstehen.«

»Weil er gütig war?«

»Das war er nicht!« Das stellt sie mit plötzlich harter Stimme fest. Sie klingt nahezu so böse wie ihr Ruf. »Nein, gut war er nicht. Er war der Vater meiner Kinder, und er war ... eben mein Mann. Und er war ein ganzer Mann, ein rechter, ein richtiger ... nicht sanft, nein, eigenmächtig, unberechenbar, doch stark und kraftvoll. Manchmal stieg mir wohl der frevelhafte Wunsch auf ... nein, das darf ich nicht sagen, manchmal konnte ich ihn geradezu hassen.«

»War er zu streng in seiner Sittsamkeit?«

»Sittsamkeit? Du weißt doch, wie er's mit dieser Theodote trieb, ganz schamlos sogar.« Begreiflicher, alter Ärger. Kann man einem Manne vorwerfen, daß er Theodote verfiel, diesem bezaubernden Weib ... »Seine Begleiter«, berichtet Xanthippe, »erzählten ihm, daß dieses Frauenzimmer so schön sei, daß Worte nicht ausreichten, sie zu beschreiben. Da sagte der große Sittenlehrer: ›Dann kann man also nicht hören, wie sie ist, man muß sie sehen.‹ – ›Komm mit, ohne Zögern‹, und mein guter Mann ließ sich natürlich verführen.«

»Du willst wohl sagen ›hinführen‹.« Warum heuchle ich? Ich weiß schließlich ganz genau, daß Sokrates eine Liebesaffäre mit Theodote hatte und mein Vorgänger bei ihr war.

»Als sie hingelangten, stand Theodote gerade einem Maler Modell, und sie durften sie betrachten. Sokrates begann, seine Schüler zu belehren, er setzte einen seiner Dialoge in Szene, er fragte, wer eigentlich dem anderen einen Dienst erweise: Theodote den Männern, indem sie ihre Schönheit betrachten ließ, oder diese ihr, indem sie den Ruhm dieser Vollendung unter den Menschen verbreiteten. Später wurde sie gar seine Schülerin.«

»Das weiß ich.«

»Das war aber nicht seine einzige Untreue, er war nämlich recht tüchtig auf diesem Gebiet. Er war von einer die Frauen anziehenden Häßlichkeit. Er hat ja auch mich immer wieder in seinen Bann gezogen.«

»Und seine Schüler?«

»Das müßtest du besser wissen als ich. Wenn du aber meinst ... ganz sicher hat er niemals Liebe zu Männern gezeigt, bloß Sympathie, Milde, was er als reine Freundschaft bezeichnete, die Liebe zu den schönen Seelen, wie das Platon jetzt nennt.«

»Und dem toten Sokrates in den Mund legt.«

»Der Tote kann keinen Einspruch erheben, und wenn er am Leben wäre, täte er es auch nicht.«

»Ist es wahr, daß er vor dir eine andere Frau hatte, manche sagen, eine Tochter des Aristides?«

»Ja, Mirtho. Sie war klug und hübsch. Eben weil sie gescheit war, lief sie ihm bald davon. Der weise Sokrates war seinerseits, wenn es sich um seine Privataffären handelte, auch klug. So einigten sie sich friedlich über die Entzweiung. Ich aber war dumm genug, ihm in die Falle zu gehen.«

»Es ist wahrhaft ein Zeichen von Güte, daß du mich besuchst, als ob ich ein Freund wäre. Ich habe dazu beigetragen, deine Kinder ihres Vaters zu berauben.«

»Der Lehrer der Goldenen Jugend kümmerte sich nicht um die eigenen Sprößlinge. Glaube mir, es war schwer durchzukommen mit dem Bettel, den er mir gab, mit dem ich haushalten sollte und die Erziehung der Kinder bezahlen.«

»Den Sophroniskos hat er immerhin vom Militärdienst befreit.« Ich möchte eigentlich wissen, ob er selbst das Haus angesteckt hat.

»Daran war ihm gelegen, denn damals arbeitete Sophroniskos bereits und brachte Geld ins Haus. Seinen ganzen Verdienst lieferte er mir stets pünktlich ab. Er ist Steinmetz wie Sokrates' Vater.

Auch Sokrates hätte einer sein sollen, wenn er nicht so ein Vagabund gewesen wäre!«

»Man sagt, daß du nicht eben eine sanfte Gattin gewesen seist.« Nett ist das nicht von mir, aber die Worte sind gesprochen, ich kann sie nicht zurückrufen.

»Seine üble Nachrede haftet mir an, vermutlich für Zeit und Ewigkeit. Welche Frau wäre zufrieden mit einem Ehemann, der sich den ganzen Tag lang auf der Gasse herumtreibt, Reden hält, Leute verärgert durch unerbetene Fragen, der die Nächte bei Gelagen verbringt und der niemals Geld nach Hause bringt.«

»Er galt als großzügig und selbstlos, berechnete seine Arbeit nicht.«

»Er war der unverschämteste Egoist! Glücklicherweise mußte er mich und meine Söhne wenigstens in seinem geräumigen Hause beherbergen, hinauswerfen konnte er uns nicht. Nur wenn er Ruhe haben wollte und meine Klagen ihm unerträglich wurden, gab er Geld her.«

»Du sollst ihm sogar einen Kübel Wasser über den Kopf gegossen haben.«

»Das ist wahr. Ich hatte ihn angefleht, endlich ein paar Drachmen herauszurücken, um den Jungen neue Kleidung zu kaufen, ich konnte sie doch nicht in Fetzen herumlaufen lassen. Er weigerte sich, verwies auf die eigene Anspruchslosigkeit, er gehe barfuß. So wolle er auch seine Kinder erziehen, es war die einzige Erziehung, die er ihnen angedeihen ließ. Da schrie ich, daß er ein Spaßmacher sei, dem die Straßenjungen nachliefen.«

»Ich selbst gehörte einmal zu den Lausejungen, und Sokrates hat mich zurechtgewiesen, gewissermaßen erzogen«; warum verteidigte ich den Toten gegen seine eigene Frau?

»Übrigens lachte er bloß über meine Forderung, und da packte mich die Wut. Ich schüttete ihm den berühmten Kübel über die Glatze.«

»Und er sagte: ›Wenn Xanthippe donnert, muß es auch regnen‹.«

»Auf diesen Witz, der wohl seine erhabene Seelenruhe beweisen sollte, tat er sich viel zugute und ging mit ihm hausieren, erzählte ihn in allen Kneipen, die er besuchte, und bei Gelagen. Er zerstörte meinen Ruf, obgleich ich doch mein Leben lang eine treue und sittsame Ehefrau war, eine gute Mutter, und sorgsam haushielt. Es war schwer, durchzukommen und die Kinder nicht hungern zu lassen.«

»Wieso kommst du just zu mir, um mir das zu erzählen?«

Xanthippe scheint die Frage nicht zu hören, bleibt störrisch bei ihren eigenen Erinnerungen. »Nicht einmal in seiner letzten Stunde durfte ich ihn begleiten, er jagte mich fort, seine Gattin, während er schöne Reden an die Nachwelt hielt, wie seine Bewunderer behaupten ...«

»Xenophon ließ manches erscheinen ...«

»Der war damals bereits fort, mußte ins Ausland und durfte nicht nach Athen zurück. Was er schreibt, ist nicht authentisch.«

»Und Platon?«

»In den letzten Tagen des Sokrates war er nicht

anwesend, doch er dichtet meinem Sokrates so manches an, sagt man. Was versteht eine arme, ungebildete Frau wie ich von Philosophie? Einzig diese Theodote war tugendsam genug, um in die Weisheitslehre des Sokrates eingeweiht zu werden.« Sie ist immer noch eifersüchtig auf den längst Verstorbenen! »Er warf mich aus dem Kerker, weil ich weinte. Ich vermochte nicht, mich zu beherrschen, er hatte mir seine Philosophie, den vornehmen Gleichmut, nie beigebracht. Kann denn eine Frau ruhig hinnehmen, daß man ihren Gatten umbringt?«

»Das sagst du gerade mir ...«

»Verzeih, ich vergaß ...«

»Daß ich schuldig bin? Ich bin verurteilt. Sprich weiter.«

»Ich störte seine stolzen Gesten ... Alle waren still und lauschten seiner Weisheit, nur ich störte ihn, ich, die Gans im Hause. Einst beehrte uns Alkibiades mit seinem Besuch, das war ein seltenes Ereignis, denn Sokrates zog es vor, in den Häusern seiner Schüler Hof zu halten und sich dort den Wanst vollzuschlagen, als sie in unserem Heim zu empfangen und ihnen die Armut unserer Tafel vorzuführen. Alkibiades kam, um seinen Rat einzuholen. Wir waren jedoch gerade wieder einmal in Streit geraten, ich hatte ihm vorgeworfen, daß er unseren eigenen Kindern nichts beibringe, sich nicht um ihre Fortschritte kümmere. Das war ihm peinlich, da er sich doch immer so viel auf seine Lehrtätigkeit zugute tat. Alkibiades, der selbstgefällige Schnösel, blähte sich in seiner Schönheit, schön war er ja wirklich, und erfrechte sich, Sokrates in meiner Gegenwart zu fragen, wie er dieses Keifen ertragen könne. Da erwiderte Sokrates scherzend: ›Auch du hörst ja die Gänse schnattern.‹ – ›Gänse legen Eier‹, wußte der gelehrte Frechdachs. Übrigens hält man Gänse nicht der Eier wegen, sondern um sie fettzufüttern und zu verspeisen, was dem Edelmann anscheinend nicht bekannt war. ›Auch Xanthippe hat mir Söhne geboren‹, witzelte Sokrates, gewissermaßen zu meiner oder zu seiner Verteidigung. Wenn es nur auf ihn angekommen wäre, hätten sich aus diesen Eiern wahre Gänseriche entwickelt!«

»Ist es wahr, daß du ihm einmal vor vielen Leuten auf dem Markte den Mantel von den Schultern gerissen hast?«

»Gewiß, als er sich wieder auf dem Marktplatz herumtrieb und ich nicht aus noch ein wußte, weil keine Drachme im Hause war. Jemand fragte ihn, warum er mir nicht mit gleicher Münze heimzahle, das heißt, mich nicht prügle. Da antwortete mein weiser Mann: ›Das wäre wohl ein hübsches Schauspiel, daß wir einander verhauen und ihr uns zurechtweisen müßtet: Hör auf, Sokrates, nicht weiter so, Xanthippe‹.«

Mir fällt ein, daß Sokrates gelegentlich über Frauen sprach und sagte: ›Mit den Weibern ist es wie mit den Gäulen, wenn man die widerspenstigsten und bissigsten einmal gezähmt hat, werden sie manierlicher und, da feurig, besser und wertvoller als die von vornherein sanften, so geht es mir mit Xanthippe.‹ Also muß wohl auch sie ihn befriedigt haben. »Sokrates hat dich auf seine Art geliebt.«

»Als sie mir meinen Gatten nahmen, verfluchte ich dich, jetzt aber will ich dir sagen, daß du als gerechter Mann und nach deinem Gewissen gehandelt hast und daß ich dir verzeihe.«

»Ich danke dir und möchte dir versichern, daß ich dich achte und verehre als gute Frau. Leider kann ich das nicht mehr vielen erzählen, keine Zeit ist mir gegönnt. Ich will aber nicht klagen, und ich habe kein Recht anzuklagen, wenn selbst du mir nicht böse bist.«

Und nun fühle ich, daß unser Gespräch beendet ist.

Wir haben einander nichts mehr zu sagen, sie hat ihr Herz erleichtert, sogar auch meines, und dennoch wird mir ihre Gegenwart nun peinlich. Sie weiß offenbar nicht, wie sie von mir loskommen kann. So sage ich: »Leb wohl, Xanthippe.«

Sie schaut mich dankbar und verzweifelt an und sucht vermutlich Worte, mit denen sie sich von mir verabschieden kann, denn Lebewohl kann sie mir nicht mehr sagen! Es klänge wie Spott, und ein gutes Sterben zu wünschen ist auch nicht üblich, obgleich das vielleicht die weiseste Abschiedsformel wäre.

»Die Götter mögen dir beistehen«, flüstert sie schließlich.

»Leb wohl«, wiederhole ich.

Wieder allein.

War der Besuch Xanthippes so etwas wie eine

Läuterung? Warum sehe ich so viele Züge des Sokrates erst jetzt, da wir ihn längst verurteilt und ins Jenseits gebracht haben?

Er war ein Mensch mit seinem Widerspruch, und Xanthippe wurde zur Witwe durch meine Anklage, durch meinen Sieg ... ein trauriger Erfolg, sehr fragwürdiger Sieg über den, der mein Lehrer gewesen war.

War es richtig, ihn zum Tode zu bringen? Er war ein Verderber und Schädling ... konnte der alte Mann denn noch schaden? Alkibiades, Xenophon, Kritias ... wären sie ohne Sokrates anders gewesen, anders geworden, als sie waren, ehrgeizige Herren und Krieger?

V

Wie klug im Grunde genommen die Frauen sind. Sie sind lebensnäher als der Mann. Sokrates besaß zwar größere Geistesgaben, sie jedoch erhielt und erzog seine Kinder, sie verstand es, den Haushalt zwischen allen Klippen hindurchzusteuern. Hoffentlich besitzt meine geliebte Alkestis solche Lebenskraft!

Anytos blähte sich auf mit seiner Tätigkeit. Zweifellos hoffte er, einmal an die Stelle des Thrasybulos treten zu können, der erste und tonangebende und entscheidende Rat zu werden.

»Wir müssen härter vorgehen«, sagte er.

»Wie meinst du das?«

»Die Herren werden wieder frech, glänzen durch auffällige Kleidung, protzen mit Ringen und Halsketten und Armbändern. Sie verachten euch Dichter, sie hetzen gegen die Redner, weil diese zur Demokratie gehören. Mein Freund Lykon hat mich darüber belehrt, wie man zur Menge redet. Er ist der tüchtigste Sophist in ganz Attika.«

»Sophisten, sind sie nicht leere Schwätzer?« Vielleicht hatte ich einen lichten Augenblick und zweifelte oder zögerte. Konnte ich denn wissen, was mir bevorstand, worauf ich mich einzulassen im Begriff stand?

»Wie könnte man das Volk überzeugen, wenn nicht durch Reden?« Durch Leistungen. Sagte ich das damals? Oder schwieg ich brav, wie es dem kleinen und gescheiterten Manne vor dem großen Politiker geziemt? – Zweifle ich an der Demokratie, weil mich Volksrichter verurteilt haben? – »Man braucht Redekunst, erinnere dich bloß, welch großer Redner Perikles war ...« Anytos ist eben wesentlich älter als ich, ich habe viel über Perikles gehört, doch als er lebte, war ich ein viel zu kleines Kind, um seinen Ansprachen folgen zu können. Vater erzählte von ihm, ich kann mich kaum an sein Aussehen erinnern, wahrscheinlich mischt sich, was ich als Knirps gesehen habe, mit den Statuen. Perikles war nicht groß durch Reden, sondern durch Taten ... »Du hast wohl Perikles nie gehört? Wie gesagt, wir müssen verhindern, daß die Spartanerfreunde wieder hochkommen, die Vaterlandsverräter. Alkibiades hat das Volk verführt, und Kritias hat eintausendfünfhundert der besten Demokraten hinrichten lassen, Massenmord! Unser Thrasybulos ist zu milde und zu human ...«

»Kann ein Mensch zu menschlich sein?«

»Ich meine ja. Wir sollten mit unseren Gegnern umgehen wie sie mit uns. Wenn wir zu Kleons Zeit gründlich durchgegriffen hätten, wären viele wertvolle Menschen noch am Leben. Kritias wäre rechtzeitig abgesetzt worden, bevor er Schaden stiften konnte. Hätte man Alkibiades und Konsorten rechtzeitig das Handwerk gelegt, dann hätten wir Sparta besiegt und die hellenische Kultur gerettet!«

Waren das nicht meine eigenen Gedanken? Da hörte ich sie aus dem Munde eines Wirkenden, eines tätigen Politikers. Ich lauschte gespannt. »Diese Spartafreunde sitzen lieber mit fremden Aristokraten an einem Tisch als mit Menschen des eigenen Volkes. Nikias war so recht ihr Mann!«

»Kritias, Alkibiades sind tot, Xenophon im Exil ...«

»Aber Sokrates lebt und wirkt!«

»Ein Philosoph ...«

»Aus seiner Philosophie wächst Politik. Er trägt Schuld an der Erziehung der aristokratischen Bande, ist verantwortlich für ihre Ideologie ...«

»Er ist ein alter Mann.«

»Seine Schüler ...«

»Auch ich war einer.«

»Du hast dich gelöst von ihm, dich hassen die Sokratiker. Den Skandal gegen deinen ›Thersites‹ haben sie organisiert!« Das hatte ich schon oft gedacht. Natürlich erwachte der Ärger, ich muß mir's eingestehen, mehr als Ärger, Haß! Mir war angenehm, einen Schuldigen zu finden, die Niederlage meines Stückes nicht meiner eigenen Unzulänglichkeit zuzuschreiben. Waren die Sokratiker nicht schuld? Sokrates selbst hatte mein Werk getadelt.

»Du wurdest vernichtet, weil er ein Feind aller Dichter ist.« Das war vielleicht mein wichtigster Beweggrund gegen Sokrates, doch dem Anytos konnte der nur wenig bedeuten. »... Ganz besonders der Tragöden.«

»Die Tragöden waren der Glanzpunkt unserer Kultur.«

»Vernichtet von Sokrates, genau wie du, weil du zu ihnen gehörst.« Der große Politiker rechnete mich zu den Bedeutenden, nannte *mich* mit ihnen in einem Atem. »Und sogar Homer wollte er was am Zeuge flicken!« Das hatte mich immer empört! Gewiß, Sokrates und die Seinen hatten den Pöbel aufgehetzt, und die gelehrten Kritiker ließen sich kaufen ...

»Er ist nicht nur Feind der Dichter, sondern des ganzen Volkes. Man muß endlich etwas tun. Wir werden Sokrates vernichten und dadurch die Quelle des Bösen trockenlegen, Gefahr vom Staat abwenden.«

»Mir scheint, du hast recht ...« Ich zögerte mit meiner Zustimmung, unterdrückte ein Gefühl, das immer stärker wurde, ein nicht gerade edles, ich freute mich nämlich über seine Worte. Sprach da nicht einer aus, was ich seit langem fühlte und mir selbst nicht zu bekennen wagte?

»Wir müssen öffentliche Klage gegen ihn erheben.«

»Wie kann man das formulieren?«

»Ganz klar: Verderben der Jugend. Einführung fremder Götter. Das ist noch wirksamer als Verführung der Jugend, denn darauf steht die schwerste Strafe.« Hatte ich den Unterton gehört? Wollte er Sokrates umbringen?

»Wie denkst du ... wie gedenkst du das zu tun?«

»Das muß richtig eingeleitet werden. Zunächst muß der Jugend bekanntgemacht werden, wie katastrophal der Einfluß dieses Mannes sich ausgewirkt hat. Einige Wochen später werden wir ihn vor Gericht zitieren. Das Volk muß ihn verurteilen.«

»Du hast ja bereits einen Plan«, merkte ich.

»Dazu bin ich Politiker«, entgegnete er lachend.

Anytos setzte mir auseinander, wie verschiedene Leute gegen Sokrates Stimmung machen sollten. »Dir als Dichter werden die Gelehrten ihr Ohr öffnen, ich werde die Politiker bearbeiten, Lykon die Redner, Anwälte und was so richtige Sophisten sind. Leute des praktischen Verstandes sind ohnehin gegen ihn eingestellt.«

»Alles ist bereits beschlossen?« Ich staunte.

»In vier Wochen wird er vor dem Volksgericht stehen.«

»Wer wird ihn anklagen?«

»Du, Lykon und ich. Lykon wird die Klagepunkte ausarbeiten, doch müssen wir das richtig planen. Willst du in einer Woche zum Abendessen in mein Haus kommen?«

Ist es eigentlich schändlich, daß der Arme sich geehrt fühlt, wenn er die Pracht des Reichtums genießen darf? Ich freute mich über die Einladung. Ein gewählter Vertreter und Anwalt des Volkes bat mich, ihn zu besuchen. Die edlen Ritter, Glaukon oder Phaidon oder Kriton oder Platon, hätten mich niemals in ihre Häuser eingeladen.

Ich kannte das Haus des Anytos von außen. Der Eingang erinnerte eher an einen Tempel als an ein Wohnhaus, man betrat eine Säulenhalle!

»Ionische Säulen«, erklärte Anytos stolz, sich seines Kunstverständnisses rühmend, »unsere Kultur wurde von uns Ioniern geschaffen, von Athenern und von Inselhellenen. Es war irrig von Perikles, unseren Jungfrauentempel mit dorischen Säulen zu zieren.«

»Die dorische Ordnung ist die einfachste und edelste, die schönste«, verteidigte ich die Wahl des Perikles, der gewiß einen besseren Geschmack besessen hatte als Anytos. »Die Säulenordnung wird bloß als dorisch bezeichnet, weil die Lakedaimonier sich so sehr ihrer Einfachheit rühmen.«

Währenddessen waren wir in das Haus eingetreten.

»Mein Sohn wird all das genießen, er und meine beiden Töchter, glücklicherweise schon verheiratet, haben mir sogar Enkel beschert. Erben sind also bereits vorhanden.« Der Mann des Volkes prahlte mit seinem Besitz …

Und was wird aus meinen »Erben«, denen ich nichts hinterlasse außer dem schlechten Namen und Ruf eines verurteilten Mörders? Den Poeten wird man ja vermutlich vergessen …

»Der Junge trinkt leider zu viel, macht mir Sorgen. Es gibt kein ungetrübtes Glück.« Ging ihm damals der Mund über? Zu prunkvoll schien mir alles, der Glanz der Neureichen. Reich, der Vertreter des Volkes? »Arbeit«, sagte er, als ob er meine Gedanken ahnte. »Mit meiner Hände Arbeit habe ich das erreicht.« Anytos war mittelgroß, und man sah die Muskeln. Auch ein wenig Fett hatte er angesetzt. »Stinkende, unerfreuliche Arbeit. Wer will Häute gerben? Mein Leder wurde besonders gut, und die Schuhmacher suchten mich auf und verlangten immer mehr. So nahm ich Gehilfen, mußte sogar Sklaven kaufen.« Und mit einem Sklavenhalter sollte ich zusammengehen?

Mann des Volkes! Stiegen mir damals bereits Zweifel auf? Wie treu ist die Erinnerung? Ahnte ich damals wirklich, was ich heute weiß? Und wieviel über den großen Politiker weiß ich immer noch nicht?

»Ich half den kleinen Leuten, gewährte den Schustern Kredit, ich brachte Athen auf die Füße, und ich lieferte das Leder dazu!« Ich lachte liebedienernd und verständnisvoll. Bin eben doch ein verächtlicher Kriecher gewesen! »Thrasybulos ist zu sanft, man muß radikaler vorgehen …«

Der Prozeß gegen Sokrates sollte ihm den Weg zur Nachfolge Kleons ebnen! Erfaßte ich das? Und wenn ich es ahnte, hatte ich nichts dagegen. Wir waren doch der gleichen Meinung, und meine Tragödien, die ungeborenen Kinder …

Anytos bot mir vorzüglichen Wein aus Samos an. Natürlich erwähnte er, woher er stammte.

Endlich erschien auch Lykon, ein reifer Mann, etwas jünger als Anytos und wesentlich schlanker. Er reichte mir die schmale Hand. »Bewunderter Dichter«, sagte er nach dem Gruße.

»Zuviel der Ehre«, tat ich bescheiden.

»Mit Recht gefeiert nach deinem ›Eumaios‹, ehe man sich gegen dich verschworen hatte. Trotz dieser Sokratiker sollst du neu erstehen, neuen Ruhm erwerben, Unsterblichkeit erringen ...« Das verführte mich, die Unsterblichkeit! Narr, der ich bin, nur allzu sterblich, schon morgen ... »Du wirst ganz groß, Meletos, viel wirst du schaffen. Zunächst müssen wir die Menschen retten, die du liebst, für die du neue Tragödien dichten sollst, die Athener ...« Ich wehrte mich zu verstehen, was der Sophist von mir wollte. In mir erwachte das alte Mißtrauen, das Sokrates in mich wie in alle seine Schüler gesät hatte: er ist ein Sophist, also lügt er mir etwas vor. Doch ein richtiger Sophist lügt bloß, wenn die Mühe, Lügen zu erfinden, einen Zweck hat. Wieso bin ich der Lüge wert, solch übertriebener Anpreisung würdig? »Unsere Aufgabe ist, Athen zu retten. Die edlen Ritter, die ewig Gestrigen, die einstigen Anhänger des Kritias werden schon wieder frech, die Demokratie ist bedroht ...«

»Wir haben bereits über Sokrates gesprochen.« Anytos unterbrach den Redeschwall Lykons, brachte das Gespräch auf das eigentliche Thema.

»Ja«, fuhr dieser fort, »wir müssen Sokrates anklagen.«

»Wie fassen wir die Klage ab?« fragte ich.

»Ich werde die Grundlagen ausarbeiten, in hieb- und stichfester Form, auch die Schrift, die zu Gericht ruft«, sagte Lykon.

»Alle drei müssen wir als Ankläger auftreten«, vermerkte Anytos.

Mir war nicht wohl bei dem Gedanken, daß wir aus Haß handelten.

»Wir sind drei Staatsbürger, die Athen über alles lieben, Attika für den Mittelpunkt der Kultur ansehen und unserem Volke die Demokratie erhalten wollen«, beruhigte mich Anytos.

Lykon wurde ein fester Termin gegeben, und dann sollten wir uns am gleichen Orte wiedersehen.

Lykon legte den Entwurf vor. Er schien uns vorzüglich.

»Und du bist ein großer Redner, wirst alles effektvoll darzustellen verstehen.«

»Ich habe mich nur zur Ausarbeitung verpflichtet, nicht als Redner.«

»Nein«, stimmte ihm Anytos zu, »ein Sophist kann nicht gegen Sokrates sprechen. Alle würden annehmen, daß eben die Sophistenschule den Sokrates beseitigen will.« Warum eigentlich?

»Also natürlich Anytos«, schlug ich vor.

»Ausgeschlossen, lieber junger Freund, ich darf das nicht tun. Als Mitglied des obersten Rates wäre es nicht vornehm, einen unbeamteten Bürger zu verklagen, der Mächtige darf nicht gegen einen schlichten Mitathener sprechen. Obgleich ich als

Kläger fungiere, ja unter uns zugebe, daß ich der Hauptkläger bin, wäre es ungehörig, als einflußreicher Politiker aufzutreten. Es bleibt nichts übrig, als daß du, mein Meletos, als unser Sprecher auftrittst.«

Natürlich sträubte ich mich. Aus Bescheidenheit oder aus Angst? Und nahm letzten Endes an, aus Eitelkeit oder um mich an den Reichen zu rächen und an Sokrates, ihrem Werkzeug.

Alkibiades war ermordet worden, kein schöner Tod. Gibt es denn einen schönen Tod? Nur die Lebenden können so dumm daherreden, und zu denen gehöre ich jetzt nicht mehr ...

Anytos schien mir richtig vorzugehen, man mußte öffentlich sagen, worum es ging ... wenn nicht retten, wenigstens rächen. Zu retten ist Hellas nicht mehr. Die Athener rächen sich an mir, während Sokrates geehrt wird; kein Geringerer als Lysippos ist beauftragt, seine Statue zu formen ...

Die Anklagepunkte hatte Lykon zusammengefaßt. »Den dichterischen Schwung«, sagte er, »mußt du, Meletos, hinzufügen, denn den Ruhm soll der Dichter ernten, damit er uns mit neuen Tragödien beglücke.«

Ich zögerte ... Da fragte mich Anytos, meine wenig begeisterte Haltung durchaus mißverstehend: »Wieviel ist deine Zeit wert, Meletos?«

»Was meinst du damit?«

»Sei nicht begriffsstutzig, Mensch! Deine Zeit ist wertvoll, wenn sie jemand kauft! Arbeitszeit muß entlohnt werden, wenn der Arbeitende ein freier Mann ist. Darum kämpfen wir Werkleute, und dafür stehe ich ein, obgleich ich doch jetzt selbst, da meine Fabrik so angewachsen ist, andere heranziehen muß, und ich zahle immer und gewähre vielen Menschen Lebensunterhalt. Keiner, der arbeitet, soll um seinen Verdienst betrogen werden ...«

Die Sklaven übersah Anytos. Möchte ich weiterleben als Sklave? Wie Achilles sagt, da er im Hades lebt ... wäre das Erdenleben so wertvoll, daß ich es selbst als Sklave ertrüge?

»... unsere Demokratie verlangt Arbeit, nicht wie Sokrates erziehen wir zum edlen Müßiggang.«

Die Worte gingen mir in ein Ohr herein, beim anderen hinaus. »Das ist klar«, sagte ich damals und wußte eigentlich nicht genau, was ich bejahte, da ich nicht aufmerksam zugehört hatte.

»Deshalb mache ich dir einen Vorschlag, darf ich dir die Zeit deiner Tätigkeit für den und im Prozeß vergüten?«

»Ich sollte eine öffentliche Tätigkeit um des Soldes willen ausüben?«

»Durchaus nicht, mein Freund, wir verstehen, daß du aus reiner Vaterlandsliebe handelst, doch du mußt ja für deine Familie sorgen. Es scheint mir ungerecht, daß deine Kinder zu kurz kommen sollten, weil du, deinem Gewissen folgend, eine Bürgerpflicht erfüllst.«

So erhielt ich von Anytos während der Vorbereitung des Prozesses die geringe Summe von dreißig Drachmen im Monat, was mir dennoch sehr half, da ich damals völlig verdienstlos war. Zu meinem Verderben! Nun stehe ich da als einer, der seinen alten Lehrer um des Geldes willen umgebracht hat.

Lykon stellte mit Anytos' Ratschlägen die Hauptpunkte der Anklage zusammen. Anytos bestand auf den politisch wichtigsten Gesichtspunkten, ich stimmte mit ihm überein. Lykon suchte mehr, dem ganzen Theater Schliff und Eleganz zu verleihen. Der alte Sophist Polykrates, der einst Lykons Lehrer gewesen war, half ihm dabei.

Der Hauptanklagepunkt war der verderbliche politische Einfluß des Sokrates, dem Wunsche des Anytos und meiner ehrlichen Überzeugung entsprechend. Der zweite, die Einführung fremder Götter, war wirksam vor Gericht. Mir lag der dritte mehr am Herzen. Der war Sokrates' Kampf gegen die Dichter ...

Anytos setzte sich für die Werktätigen ein, ich für die Künstler. Das Gericht schenkte uns Gehör, der Prozeß wurde in Szene gesetzt. Denke ich immer noch in Ausdrücken des Theaters?

Lebenssumme ...

Wenn der Angeklagte nicht verurteilt wird, hat der Kläger die Gerichtskosten zu bezahlen. Als der eigentliche, jedenfalls der offizielle Hauptkläger mußte ich dem Urteil mit Sorge entgegensehen: Tausend Drachmen ... Anytos freilich versicherte, daß er in diesem Falle die Kosten für mich übernehmen würde. Natürlich dürfe es nicht dazu kommen! Der große Volksvertreter war mit Lykon und Polykrates einig: Der Fall Sokrates ist klar. Es gelang den Parteigängern des Anytos, im Volke Stimmung gegen Sokrates zu machen.

Warum fällt mir gerade Aristophanes ein? Der rührte sich selbstverständlich nicht, wahrscheinlich bedauerte er sogar seine Angriffe gegen den Alten ... Platon verzieh ihm nicht ganz, im »Gastmahl« läßt er ihn etwas betrunken auftreten und seine abenteuerliche Theorie der Liebe entwikkeln: die der auseinandergeschnittenen Orangen, die ihre Hälfte suchen, wobei die meisten eben das andere Geschlecht brauchen ... und gerade diejenigen, welche Männer lieben, sind die vollkommen männlichen. Diese Theorie entspricht wohl den Gefühlen Platons, kaum denen des Aristophanes, sonst hätte der die »Lysistrata« nicht verfassen können.

Den Vorsitz im Prozeß führte Polyeuktes, dem es zustand, das Urteil zu verkünden. Wie hätte ich ahnen können, daß er einmal auch mein Todesurteil sprechen werde ...

Polyeuktes war ein würdiger Mann. Er verkündete das Urteil, doch hing es in keinem der beiden Fälle von ihm ab!

»Wir sprechen«, sagte ich, »im Namen des Volkes und für das Volk von Athen. Lykon, ein Rechtsgelehrter und Redner, dem Recht und Gerechtigkeit Lebensinhalt und Lebenszweck sind, der Menschen helfen will, die Unrecht erlitten haben, der an die Opfer denkt, die verdorbene, von ihrem Lehrer Sokrates verdorbene Männer gemordet haben! Und dieser Lehrer wirft den Rednern vor, daß sie wohlüberlegt Phrasen von sich geben, um Menschen zu verführen.

Ein weiterer Kläger ist Anytos, ein Mann, den ihr alle kennt, der durch seiner Hände Arbeit emporgekommen ist, der durch seine Tüchtigkeit anderen Arbeit zu geben vermag und stets für das Volk einsteht.» – Damals dachte ich noch so, meine Vorstellung und Darstellung des Anytos war ehrlich. Heute frage ich mich, ob er vielen entlohnte Arbeit gegeben hat oder ob viele für ihn gearbeitet haben, damit er reich wurde ... »Ich spreche«, fuhr ich fort, »in Anytos' Namen für die Handwerker und Werktätigen, für das staatserhaltende Volk, das Sokrates verachtet. Denn er hält die Muße für ein großes Glück und wohl gar für ein Zeichen der Würde, da sich die reichen Herren ihre Hände nicht beschmutzen, ihre zarte Haut nicht mit Schwielen verunzieren. Sie haben daher Zeit, nachzudenken, die Weisheit in fauler Ruhe, oder in der Ruhe der Faulheit hinunterzuschlingen. Nur diese Herren findet er würdig, über die Republik zu entscheiden, sie zu führen!

Schließlich spreche ich auch in meinem eigenen Namen für die Dichter, denn stets hat Sokrates Dichter und Künstler verunglimpft. Den Künstlern wirft er vor, daß sie bloß Natur nachahmen, anstatt das Erhabene aus der Luft, oder ich weiß nicht, woher sonst, einzufangen. Entschuldigt, wir wissen es genau, aus den Tiefen der eigenen Seele, anstatt aus der wirklichen, schönen Welt, die die Götter uns schenken.

Nicht, weil er uns gekränkt und beleidigt hat, klagen wir ihn an, sondern weil er unsere Republik gefährdet. Was sage ich da, nein, nicht nur, weil er sie in Gefahr bringt, sondern weil er ihr den allerschwersten Schaden zugefügt hat, indem er jahrzehntelang die Jugend verführte und falsch leitete. Er erklärt sich für den Born der Weisheit, also hätte er jungen Menschen, die sich um ihn scharten, den rechten Weg weisen müssen. Sie hielt er ja und sie hielten sich selbst für die Besten und Edelsten und daher berufen, unser Land zu regieren.

Ich will bloß die Berühmtesten unter ihnen anführen, ihr kennt ihre Namen leider nur zu gut! Alkibiades, der uns unter dem Vorwand der Vaterlandsliebe aus Abenteuerlust und Ruhmsucht in das unglückselige Abenteuer, den Angriffskrieg gegen Sizilien, hetzte. Als er des Hermenfrevels, der Zerstörung und Entweihung von Götterstatuen angeklagt wurde, lief er nicht bloß davon, was vielleicht nicht mutig, aber verständlich gewesen wäre, sondern ging zum Feinde über, erhob die Waffen gegen das Vaterland und trat am Ende gar in den Dienst der Barbaren.

Erinnert euch auch an den edlen und adligen Xenophon, der die Spartaner für die schönste Blüte hält, die Hellas getrieben hat, und sie uns zum Vorbild gibt. Xenophon, der stets gegen und niemals für Attika und Athen kämpfte und schließlich in den Dienst der Perser trat.

Denkt an Kritias, der das schwerste Unglück über unser Vaterland gebracht hat. Hat Sokrates seine Gedanken nicht just dem Glaukon eingeimpft, der, wie jedermann weiß, der Liebling, deutlicher ausgesprochen, der Geliebte des Kritias war? Man darf also annehmen, daß Kritias, von Sokrates erzogen, seine Staatsleitung nach dessen Lehren richtete.

Sokrates läßt sich als den Weisesten der Weisen bezeichnen, bloß weil er weiß, daß er nichts weiß. Das scheint mir keine geeignete Lehre für die Jugend, die sich durchaus nicht mit der angeblichen Weisheit des Nichtwissens begnügen sollte. Ein Lehrer müßte sich bemühen, den Jungen Tatsachen und Kenntnisse beizubringen, damit sie verstehen, was wir über die Erde, unser Land, Menschen, Tiere und Pflanzen wissen und was dem Volke und dem Staate nützen kann.

Sokrates hat oft und viel über die Liebe gesprochen. Über welche Liebe, frage ich. Gewiß soll sich der Lehrmeister des Schülers annehmen, nur wer die Jugend liebt, ist zum Unterricht berufen. Doch die Liebe, welche Platon so wunderbar in seinem ›Gastmahl‹ preist ... Nun, ich will nichts Falsches behaupten, Sokrates selbst ist ein durchaus männlicher Mann, sammelte reichlich Erfahrungen mit Frauen, zeugte drei Söhne mit Xanthippe. Platon, den ihr nicht zu Worte kommen ließet, da er diese Gerichtsverhandlung sprengen wollte, bevor sie noch begonnen hatte, da er das Lob des Angeklagten sang, beschreibt in seinem ›Gastmahl‹ die Liebe, und eigentlich ist da bloß von der Liebe zu Jünglingen die Rede. Diese Liebe, als Mannhaftigkeit dargestellt, ist ein typisches Vergnügen der Narren aus der hohen Gesellschaft, eine aus Sparta eingeschleppte Imitation der lakedaimonischen Waffenbrüderschaft, die uns fremd ist. Wir sind nicht für eine Männerfreundschaft, die zur Ehe wird. Wir lieben Frauen, Schirm und Schutz unserer Stadt ist die Göttin Pallas Athene.

Ich klage Sokrates an, die Jugend verführt und mißgeleitet zu haben. Die Folgen habt ihr ja am eigenen Leibe gefühlt: fünfzehnhundert Demokraten, die Besten unter uns, fielen den dreißig Tyrannen zum Opfer. Ihrer müssen wir gedenken, sie durch Gerechtigkeit ehren! Die großen Errungenschaften des Perikles sind vergangen, geschwunden durch die Schuld derjenigen, die in ihren Jugendjahren von Sokrates erzogen wurden.«

Hier bat Sokrates ums Wort, unterbrach mich. Es war richtig, daß es ihm gewährt wurde, denn er galt als ein Weiser, und auch sein Alter verdiente Achtung.

»Habe ich mich nicht geweigert, den Leon zum Tode zu befördern, ihn also vor Kritias zu retten gesucht, junger Mann? Du hast doch zu meinen Schülern gehört, fein zahlst du mir das heim. Habe ich nicht überhaupt gegen die ungerechte Verurteilung der Flottenführer gestimmt, die nach siegreicher Schlacht vom Volksgericht höchst ungerecht verurteilt wurden, ich als einziger Richter? Alle wußten, daß die dreißig Tyrannen die siegreichen Kapitäne umbringen wollten, weil sie die Leichen der Gefallenen nicht aus dem Meere fischen und gebührlich bestatten konnten. Ich hatte den Mut, den Tyrannen entgegenzutreten. Und war nicht einer der ungerecht Verurteilten Perikles, des Perikles Sohn, Sprößling also des Mannes, den du am meisten verehrst, zweifellos des besten Demokraten Athens?«

»All das stimmt«, gab ich zu. »Damals hast du als Mann und als guter Staatsbürger gehandelt. Du durftest dem Kritias widersprechen, denn du hattest den Mörder von eintausendfünfhundert Menschen erzogen.«

»Und der unglückliche zweite Perikles war der Sohn der Aspasia, der Beschützerin deiner Mutter.« Anwurf gegen meine arme Mutter, freilich hatte er keinen Grund, mich zu schonen!

Ich fuhr dann einfach mit der Anklage fort:

»Des weiteren klagen wir, Anytos, Lykon und ich, Sokrates an, unsere Götter zu vernachlässigen, ja zu mißachten. Niemals hat der weise Mann Pallas Athene genannt, die Schirmherrin unserer Stadt und unseres Volkes, die erhabene Göttin der Weisheit! Hingegen beruft er sich immer wieder auf Apollon, dessen Sitz Delphoi ist, außerhalb unseres Gebietes.«

»Doch Gott der Künste, also auch dein Gott, großer Dichter.«

»Sokrates faselt«, fuhr ich ruhig fort, »von einem Daimonion, das wohl seine höchst eigene Erfindung ist. Diese Gottheit flüstert ihm zu, was Recht und was Unrecht ist. Ist das noch eine Neuerung im Olympos, oder ist dein Daimonion kein olympischer Gott, sondern einer der Unterwelt?

Zusammenfassend: Anytos, Lykon und ich, Meletos, Sohn des Meletos, klagen Sokrates an, die Jugend zu verderben und fremde Götter in Athen einzuführen …

Entscheidet, weise Männer des Gerichts, ob er schuldig ist oder nicht.«

Und ich sagte … habe ich's vergessen? … es nützt mir nichts, wenn ich es aus meinem Gedächtnis bannen will, ich habe die schrecklichen Worte gesprochen: »Darauf steht die Todesstrafe!«

Sokrates nannte uns große Redner, was bedeuten sollte, wir seien lediglich bedenkenlose Schwätzer. Er wolle die ganze Wahrheit bekanntgeben. Er wies neuerlich auf sein Alter hin und betonte, seine Ansprache keineswegs vorbereitet zu haben. Damit sollte wohl angedeutet werden, daß ich unfähig sei und der Sophist Polykrates sowie Anytos und Lykon meine Anklage verfaßt hätten. Er betonte seine Volkstümlichkeit. Er rede, wie man auf dem Markte spreche und unter Geldwechslern.

Wie kam eigentlich Sokrates zu den Wechslertischen? Wollte er mich daran erinnern, daß er mir beigesprungen war, um meinem »Eumaios« zum Leben zu verhelfen?

Er betonte, daß er im Reden vor Gericht nicht bewandert sei, da er erst im Alter von siebzig Jahren unter Anklage gestellt, eines Verbrechens oder seien es gar zwei? beschuldigt werde. Er gebe zu, daß viele Leute seit Jahren schlecht über ihn gesprochen und ihm Schaden zugefügt hätten. Sie sagten ihm nach, daß er Dinge am Himmel und auf Erden studiere, und wer so vieles forsche, sei verdächtig und glaube wohl nicht an die Götter. Arg sei, daß er nicht einmal die Namen dieser Verleumder kenne, außer dem eines Komödienschreibers ... Auch das war ein schlaues Spiel, denn er wußte, daß Aristophanes gleich ihm als Feind der Demokratie galt. Er sei als Sophist angeprangert worden, doch jeder wisse, daß er ein Gegner dieser

Schaumschläger und Wortverdreher sei. Damit suchte er sich volkstümlich zu machen!

Er wolle falsche Gerüchte zerstreuen und sich so zeigen, wie er nun einmal sei. Er behauptete, sich gegen zwei Sorten von Anklägern verteidigen zu müssen, die offiziellen – uns also – und die Rufmörder. »Ich habe«, sagte er, »dem Gesetz zu gehorchen, und das verlangt von mir, daß ich mich verteidige. Hat Aristophanes nicht aufgebracht, ich vermöge in der Luft zu gehen, also mich als Zauberer dargestellt? Ihr alle wißt, daß das Unsinn ist. Lügenhaft ist auch die Behauptung, daß ich Menschen erziehe, um damit Geld zu verdienen. Du, Meletos, weißt das gewiß am besten!

Im Gegensatz zu Gorgias, Hippias und anderen Sophisten habe ich mich niemals am Unterricht bereichert. Jene verstehen, junge Männer an sich zu ziehen, um ihnen durch falsche Lehren Geld abzuknöpfen. Ich hingegen erziehe junge Männer zu Weisheit und Tugend.« Er nannte diesen und jenen, besprach die Vorhaltungen, die er ihren Vätern gemacht hatte. Man müsse die Menschen an die Vorschriften gewöhnen, man müsse sich um sie kümmern, man müsse den richtigen Kenner heranziehen. Ein Mensch sei wichtiger als ein Fohlen oder ein Kalb, und dergleichen Gemeinplätze mehr.

In aller Bescheidenheit wollte er beweisen, was sein Unterricht wert sei. »Ihr alle«, sagte er, »kennt den Chairephon. Ihr wisset, daß er von Jugend an mein Freund war. Während der politischen Verfolgung, das soll heißen, bei den letzten Unruhen«, die der Tyrannei des Kritias ein Ende setzten, »mußte er fliehen und begab sich nach Delphoi. Dort erkühnte er sich, das Orakel zu fragen, ob es einen weiseren Mann gäbe als mich, und die Pythia hätte bestätigt, daß ich der weiseste unter den Lebenden sei.« Nun klingen mir seine Worte im Ohr, genau als ob er spräche. »Da Chairephon leider nicht mehr auf dieser Erde weilt, kann sein Bruder, der ihn damals begleitete, Zeugnis darüber ablegen. Ihr werdet doch gewiß nicht behaupten wollen, daß der Gott lüge. Ich wollte oder konnte dennoch nicht an meine Überlegenheit glauben, obwohl ich dem Gotte nicht widersprechen durfte. So wollte ich mich von den Worten des Orakels überzeugen und fragte, wie ihr wisset, diesen und jenen aus, nach meiner geburtshelferischen Methode, die ihr ja kennt.

Und da fand ich, daß die Berühmtesten die Armseligsten waren, just die sich am meisten brüsteten, vermochten am wenigsten, mir Rede zu stehen. Ihr alle habt mir wohl gelegentlich meine Art zu fragen übelgenommen. Ich fand, daß die am wenigsten Geschätzten noch die Vernünftigsten waren. Ganz besonders geistesschwach, das muß ich euch gestehen, fand ich die Lenker unseres Staates.«

»Weil sie nicht mehr diejenigen sind«, unterbrach ich ihn, »welche sich frech als die Edelsten und Besten bezeichnen und das Volk unterdrükken, sondern diejenigen, welche arbeiten.«

Da wandte er sich gegen mich und fuhr fort: »Nach den Staatsmännern ging ich zu den Dichtern, den tragischen sowohl als auch zu den Lyrikern und hoffte, dort endlich finden zu können, daß ich unwissend sei im Vergleich zu ihnen. Ich nahm mir diejenigen vor, deren Werke mir am besten schienen, und fragte sie darüber aus, was sie wohl damit meinten, da ich, wie gesagt, von ihnen lernen wollte. Schämen muß ich mich einzugestehen, was dabei herauskam: Es zeigte sich, daß die Dichter nicht durch Weisheit dichten, was sie dichten, sondern durch eine Naturgabe, genau wie Wahrsager und Orakelmänner.«

Der Weise verstand wahrhaftig nicht das geringste von Dichtung. Es ist klar, daß die Natur aus uns und durch uns spricht oder, wenn man will, die Götter selbst, denn es bricht aus uns ebenso, wie eine Blüte herrliche Farben zeigt, oder der Vogel singt, weil ihn sein innerstes Wesen dazu treibt, ohne daß er darüber nachdenkt. Aus uns Dichtern aber spricht die Natur des Menschen, das Göttliche im Menschen, das Feuer des Prometheus. Der armselige große Weisheitslehrer verstand nichts vom Schöpferischen, vom Titanischen, vom Prometheischen der Dichtung! Das konnte ich ihm und dem Gerichtshof natürlich nicht erklären, hatte auch gar keine Lust, das zu tun. Wohl aber entgegnete ich: »Du suchst uns Dichter herabzusetzen, indem du uns mit den Orakelmännern, wie du sie nennst, also der Stimme der Götter, vergleichst, das zeigt nicht gerade hohe Achtung vor dem Olympischen. Noch weniger will uns eingehen, warum du dann die Stimme oder den Gesang der Pythia so hoch schätzest, die dich für den Weisesten unter den Sterblichen erklärt haben soll. Eigentlich bejahte sie bloß die Behauptung, daß keiner weiser sei als du.«

»Meinethalben«, gab Sokrates schlau zu, »bringen die Dichter also das Wunder zustande, ohne Denken weise zu sein, wie du offenkundig behauptest, Meletos, so irren sie vollkommen, wenn sie glauben, auch auf anderen Gebieten bewandert zu sein, von denen sie nichts verstehen.

Schließlich ging ich zu den Handwerkern. Von ihnen hoffte ich, daß sie viel Schönes wissen. Doch sie begingen den gleichen Fehler wie die Dichter. Nun, die Handwerker enttäuschten mich am wenigsten, denn sie verstehen wirklich ihr Geschäft, sie wissen, was sie zu tun haben, sie wähnten aber auch, über andere, sehr wichtige Angelegenheiten entscheiden zu dürfen.«

»Deine Worte zeigen, daß du gegen die Herrschaft des Volkes, gegen die Demokratie bist und der Überzeugung, daß nur du weise genug bist, um Auserwählte wie Alkibiades oder Kritias auf unsere Stadt loszulassen!«

Darauf ging Sokrates nicht ein, sondern setzte seine Selbstdarstellung, sein Selbstlob, fort. »Ich prüfte also mich selbst, denn ich hielt es geradezu für Verleumdung, daß man mich als Weisen bezeichnet. Am Ende aber mußte ich die Entscheidung des Gottes anerkennen: Der Weiseste ist Sokrates, weil er einsieht, daß er nichts weiß, und erkennt, daß er nichts wissen kann. Ich habe mich also weder in Staatsgeschäfte eingemischt – außer um Männer wie Leon und Perikles, den Sohn des Perikles, zu retten, was mir leider mißlang –, noch habe ich ein Handwerk betrieben. Wie ihr sehen konntet, lebe ich in Armut, und damit leiste ich dem Gotte den Dienst, seine Worte zu bestätigen. Nun folgen mir gerade die Söhne der angesehensten Bürger freiwillig, Jünglinge, welche Muße haben und keine Werkarbeit leisten müssen. Sie lernen von mir, die Menschen zu erforschen, und finden dann wohl auch große Mengen von Menschen, die sich einreden, etwas zu wissen, und Fragen beantworten, die sie gar nicht verstehen, und Entscheidungen treffen. Das, Athener, ist die Wahrheit, die ich euch unverblümt vorzusetzen wage. Ihr haßt mich eben deshalb, weil ich so kühn bin, die Wahrheit auszusprechen. Wenn ihr gewissenhaft und unvoreingenommen untersucht, werdet ihr zu dem Schluß gelangen, daß ich recht habe.

Ich will versuchen, mich gegen Meletos, den guten, den Dichter und dennoch Wahrheitsliebenden, wie er behauptet, zu verteidigen. So will ich also die von ihm beschworene Anklage vornehmen. Ich habe, wie ich hoffe, bereits dargelegt, daß ich die Jugend keineswegs verderbe, sondern ihr die Augen zu öffnen suche, damit sie die geistige Leere und Armut der heute für weise Gehaltenen erfasse. Was aber die andere Klage anbelangt, daß ich neue Götter einführen wolle, bezieht ihr euch auf mein Daimonion, das in mir spricht. Doch wisset, daß ich ein frommer Mann bin und bloß das Orakel Apollons zu bestätigen suche.«

»Du lenkst ab, Sokrates«, sagte ich. »Zwar weiß niemand, was du unter deinem Daimonion verstehst, der wichtige Vorwurf aber ist, daß du, der Weise, niemals Athene heranrufst, sondern Apollon, der in Delphoi haust und so oft den Lakedaimoniern gute Ratschläge erteilt und anderen solche, die ihnen dienen, uns hingegen so manchen von zweifelhaftem Wert.«

Darauf antwortete Sokrates nicht. Vielmehr kam er scheinbar auf die andere Anklage zurück, in Wahrheit aber legte er es darauf an, mich zu verklagen.

»Meletos behauptet, daß ich frevle, indem ich die Jugend verderbe. Ich jedoch sage euch, o Athener, Meletos frevelt, indem er mit ernsten Dingen Scherz treibt und Menschen todeswürdiger Verbrechen anklagt und sich eifrig besorgt zeigt um Dinge, um die er sich doch niemals gekümmert hat! Daß es sich so verhält, will ich beweisen. Dir ist so wichtig, daß die Jugend gedeihe, nicht wahr, Meletos?«

Das bejahte ich natürlich.

»So sage mir denn, wer sie besser macht, diese Jugend, wenn du in mir ihren Verderber gefunden hast. Zeige hier, wer sie bessern und retten wird.« Ich wußte im Augenblick nicht, wen ich nennen sollte. Das nützte er aus und fuhr mich, ganz pathetisch und dramatisch, eigentlich ganz unsokratisch, die Silenosmaske abwerfend, an: »Da hast du es, Verleumder, du schweigst! Sagt mir nun, Athener, ist das nicht schändlich und Beweis genug für meine Behauptung, daß er sich niemals um die Erziehung der Jugend bekümmert hat? Nun sage mir, du Guter, wer macht sie besser?«

»Die Gesetze.«

»Danach habe ich nicht gefragt, ich meine, welcher Mensch.«

»Die Richter hier.«

»Du glaubst, daß sie imstande sind, die Jugend zu bilden oder gar, sie besser zu machen?«

»Ich bin davon überzeugt.«

»Alle, oder nur einige unter ihnen?«

»Ich halte sie alle für fähig, deshalb wurden diese Männer Athens ausgesucht, deshalb sitzen sie hier als Richter.«

»Wunderbar, daß wir über so zahlreiche Weise verfügen. Und was hältst du von den Zuhörern? Sind auch sie fähig, die Jugend zu bessern?«

»Warum nicht?«

»Und die Männer im Rate, die Politiker?«

»Gewiß, gerade auch sie.«

»Aber Meletos, verderben sie nicht unsere Jugend? Sie politisieren sie ...«

Nun erhielt ich wieder Oberwasser. »Sie müssen wissen, wie das Gemeinwesen funktioniert, was der Staat bedeutet. Du zeigst dich als ein Feind der Demokratie.«

»Es scheint also, daß sich sämtliche Athener um die richtige Erziehung der Jugend bemühen und ich der einzige bin, der sie verdirbt.«

Wollte er sich über mich lustig machen? Mich packte die Wut. So wiederholte ich, daß Sokrates, der Alkibiades, Kritias und Xenophon seine Ethik beigebracht hat, während er die Lehrer herabsetzte, die für die richtige und praktische Kindererziehung sorgen, als Hauptverderber der Jugend und damit des Gemeinwesens zu betrachten sei. Ich vermerkte, daß er gegen alle Anwesenden gesprochen habe. Ich verurteilte die Frechheit seines Auftretens. Sein Selbstbewußtsein sei in keiner Weise berechtigt. Ich warf ihm an den Kopf, daß er nur sich selbst lebe und sich auf die Worte einer berauschten Orakelkünderin berufe.

»Sag, Meletos« (wie mir seine ironische Stimme noch im Ohr klingt!) »dünkt dich nicht auch bei Pferden, daß die meisten sie zu verbessern vermögen und nur wenige sie verderben? Oder liegt die Wahrheit beim Gegenteil, die meisten, die mit Rossen umgehen, besonders mit noch unzugerittenen, verderben sie, und nur der einzige Bereiter vermag sie zu erziehen! Glückselig wäre die Jugend, wenn bloß einer sie verdürbe und alle anderen ihr guttäten. Du läßt deutlich merken, Meletos, daß du völlig unwissend bist und dich nie um die Jugend gekümmert hast.«

Verärgert brach ich los: »Sokrates, ich bin stets in Sorge um die Erziehung, weil ich selbst drei Kinder habe. Und ich kenne deinen Unterricht nur zu gut, weil auch ich zu deinen Schülern gehört habe. Und ich sage dir: Mehr als dir schulde ich Athen. Ich werfe dir vor, daß du einen bestimmten Plan verfolgst, um unsere Demokratie zu vernichten. Leider ist dir das bereits gelungen, doch ehrliche Männer wie Anytos mühen sich ab, sie wieder zum Leben zu erwecken. Fremde Sitten pflegen deine Anhänger, und gerade die Müßigen sollten Vorbild unserer Jugend sein, Glaukon ...«

»Halt, ich bitte ums Wort«, unterbrach mich Sokrates, und ich selbst wünschte, daß er nun spreche. »Der junge Glaukon war voreilig und ersehnte eine hohe Stelle, wohl die Führerschaft. Nein, mein Anytos, du brauchst nicht zu fürchten für deine Karriere, die du durch meine Verurteilung zu machen hoffst. Ich habe Glaukon abgeraten, ich setzte ihm auseinander, daß er viel zu wenig Erfahrung und daß er sich selbst noch nicht geprüft habe. Er war zu unreif, und ich weiß heute noch nicht, ob Glaukon bereits der Geeignetste wäre ...«

»Er hat auch die Schule seines Freundes genossen, er wäre gewiß der berufene Nachfolger deines anderen Schülers Kritias.« Ich wußte, daß das wirkte. Vielleicht haben ihn diese Worte vernichtet.

Und Glaukon konnte sich rächen, konnte Sokrates rächen!

Vieles von dem, was in diesem Prozeß gesagt wurde, haben Platon und Xenophon aufgezeichnet und unter den Leuten verbreiten lassen, als Streitschrift, die mich vernichten soll! Keiner von beiden war beim Prozeß anwesend. Platon verkroch sich, nachdem er sich gleich am Beginn blamiert hatte, und Xenophon, der Staatsfeind, durfte nicht wagen, Athen wieder zu betreten. Die Schriften zur Verteidigung des Sokrates haben mir geschadet! Wohl haben sie recht getreu wiedergegeben, was Sokrates sagte, obgleich es ein wenig verziert und verschönt wurde. Doch meine Reden wurden unterschlagen, meine Verteidigung der Volksherrschaft wurde totgeschwiegen!

Sokrates antwortete niemals auf meine Fragen. Er selbst aber fuhr mit dem Fragespiel fort: »Sage, Meletos, ob es besser ist, unter guten Bürgern zu wohnen oder unter schlechten? Freund, lieber, antworte doch, ich frage dich ja nichts Schweres«, zukkersüß war er, »und du bist mein Schüler gewesen. Tun nicht die Schlechten jedesmal denen Übles, die ihnen am nächsten sind oder denen sie Dank schulden, die Guten aber etwas Gutes?«

»Allerdings.«

»Gibt es jemanden, der lieber Schaden leiden will, als Hilfe und Freundschaft genießen?«

»Wohl kaum.«

»Soll ich also vorsätzlich oder ohne böse Absicht Verderber der Jugend sein?«

»Vorsätzlich!«

»So weise bist du, Meletos, und mich hältst du für so dumm, nicht einmal zu wissen, daß ich Übles erleiden muß, wenn ich Übles begehe? Wenn ich meinen Schülern unabsichtlich etwas beibrachte, das Schaden stiften konnte, hättest du kein Recht, mich hierherzubringen, auf die Anklagebank nämlich, wenn ich aber absichtlich die jungen Menschen schlecht beeinflussen würde, müßte ich doch wohl wissen, daß ich dann von den Schlechten Schlechtes erdulden müßte. Falls ich aber nicht wußte, daß ich Übles tue, hättest du mich aufklären, mich erleuchten müssen, denn mein Haus stand dir allezeit offen, wie du sehr genau weißt. Nun klagst du mich an, daß ich ungläubig sei, und auch wieder, daß ich an neue Götter und an Dämonen glaube. Wie kann das sinnvoll sein? Vielleicht falle ich dem Haß der Menge zum Opfer, dem schon viele hervorragende Männer zum Opfer gefallen sind. Ich fürchte sehr, daß noch andere dadurch zugrunde gehen werden. Mancher mag mich für dumm halten, weil ich mich durch meine Tätigkeit in Gefahr bringe, ich aber fände es verächtlich, für mein Leben zu fürchten, wenn ich etwas für richtig halte. Hat nicht Thetis Achilles gewarnt, daß er sterben müsse, wenn er Patroklos räche, und dennoch hat dieser strahlende Held Hektor getötet. Ich fürchte den Tod nicht, ich muß aber bleiben, wo der Gott mich hingestellt, der mich als den weisesten Menschen auf dieser Erde bezeichnet hat. Wenn ihr, Athener, mir jetzt sagen würdet, daß ihr mich freisprecht unter der Bedingung, daß ich nicht mehr nach Weisheit trachte, um eure Söhne nicht zu verderben, so werde ich lieber den Tod erleiden, als dem Gotte unfolgsam sein, der mir meine Weisheit eingegeben hat. Ich glaube, daß noch niemand dem Staate einen größeren Dienst erwiesen hat als den, den ich im Auftrage des Gottes leiste. Ich will Junge und Alte, denen ich begegne, belehren ... halt, halt, liebe Athener, erhebt euch jetzt nicht gegen mich!«

Ja, so sprach er. Die Zuhörer aber ließen sich nicht von den Phrasen des Sokrates einlullen, sie blieben wach, und Rufe gegen ihn wurden am Ende der langen Rede laut.

So sagte ich: »Du lehrst die Nichtstuer, etwas zu tun, doch was sie tun, ist gegen uns, ist gegen das Volk.«

»Ihr könnt mir kein Leid zufügen, weder die unwissende Menge noch du, Meletos, noch der aufgeblasene Anytos, noch der Sophist Lykon, denn es darf nicht geschehen, daß die schlechten Menschen den Guten besiegen. Ihr würdet euch am Gotte versündigen durch meine Verurteilung. Keinen werdet ihr mehr finden, der mir gleichkäme.« Sokrates wurde überheblich und konnte sich nicht genugtun im Eigenlob! »Immer werde ich jeden von euch belästigen und ihm zureden, sich der Tugend zu weihen.«

»Warum hast du nicht in die Staatsgeschäfte eingegriffen, wenn du mit allem unzufrieden bist? Du hast im geheimen gehetzt, Leute gegen die Demokratie aufgewiegelt, doch nicht offen zum Volke, zur Menge gesprochen.«

»Wenn ich mich offen in die Staatsführung eingemischt hätte, wäre ich schon längst umgebracht worden und hätte weder euch noch mir selbst genützt. Seid mir nicht böse, wenn ich die Wahrheit heraussage. Kein Mensch kann sich bewahren, kann sich am Leben erhalten, indem er sich euch oder irgendeiner Volksmenge widersetzt, um Unrecht im Staate zu verhindern. Wer gerecht bleiben will, muß ein zurückgezogenes Dasein suchen, kein öffentliches.« Dann tischte er noch einmal seine Heldentaten in Krieg und Politik auf und erklärte, daß er nicht um sein Leben flehen werde. Ich aber hatte das Empfinden, für die Erhaltung meiner Vaterstadt, für den Fortbestand der Demokratie zu kämpfen!

Mit knapper Majorität wurde Sokrates schuldig

befunden. Viele zögerten, vielleicht war es ihnen peinlich, gegen den alten Mann vorzugehen. Fühlte ich das nicht auch? Ist es jedoch gerecht, einen jungen umzubringen? Wenn sie doch warten wollten, bis auch ich siebzig Jahre alt bin, um mir dann den Schierlingsbecher vorzusetzen!

Nach dem Gesetz steht jedem Angeklagten das Recht zu, selbst seine Strafe zu bemessen. Wenig nützt ihm das, ich merke es an mir. Auch Sokrates nützte es nicht. Sokrates, der Alte, besaß immerhin Charakter und Mut, Arroganz sogar, Hochmut. Ich war bloß ehrlich. Doch wer sich zu krümmen versteht, wie Anytos und Lykon, fährt damit besser!

Er schlug zunächst vor, daß er gefeiert und auf Staatskosten erhalten werden sollte, und als man ihn schließlich fragte, welche Strafe er für angemessen hielte, schlug er eine lächerlich geringe Geldbuße vor. Er forderte also selbst das Todesurteil heraus!

War der Mann krank und wollte sich schweres Leiden ersparen? Er behauptete ja, er habe sein Lebenswerk vollendet, das Urteil erspare ihm den Abstieg in die Schwäche des Greisenalters!

Dem Anytos sagte er für seinen Sohn allerhand Übles voraus, was auch so ziemlich eingetroffen ist. Wußte er damals bereits, daß der Junge ein Säufer und auch sonst schwachen Charakters ist? Anytos hat den Burschen schlecht erzogen, fast wie ein junges Herrchen, nicht wie den Sohn eines Werktätigen, nichts von der Zielstrebigkeit und Energie des Vaters hatte er geerbt.

Die Haltung des Sokrates in seinen letzten Stunden muß bewundernswert gewesen sein. Ob er wirklich so schicksalsergeben und tatsächlich weise geredet hat und ob er an ein Fortleben der Seele glaubte? Glaube ich daran, oder möchte ich bloß gerne daran glauben?

Mir schien er während seines ganzen Prozesses ein Heuchler, da er der entscheidenden Anklage, die Demokratie schwer geschädigt und gefährdet zu haben, geschickt auswich. Am Ende wurde er gar zu überheblich und geradezu beleidigend ... ob aus Verzweiflung oder aus Haß gegen uns, kann ich nicht entscheiden.

Wie werde ich mich in meinen letzten Stunden aufführen? Soll man sie als schwerste Prüfung betrachten oder als Theater? Werde ich völlig verzweifeln? Ich habe keinerlei Hoffnung mehr. Warum also sollte es noch schlimmer werden? Werde ich mich selbst bedauern und betrauern? Morgen werde ich das erfahren.

Wieso wurde die Anklage gegen uns drei, gegen Anytos, Lykon und mich, erhoben? Die Leute vertrauten Anytos nicht mehr, er wäre nicht wiedergewählt worden. Die Geldleute waren Demokraten nur mit dem Mundwerk. Zwar gefiel es ihnen, an die Stelle der Aristokraten, des alten Reichtums und des Landbesitzes zu treten, doch aus den Handwerkern wurden Neureiche, wenn sie recht viel fremde Arbeiter anwarben oder gar Sklaven kauften. Und dann fürchteten sie für ihren Besitz, fürchteten, daß das Volk wirklich zur Macht käme!

Auch Anytos ließ andere für sich arbeiten, der radikale Demokrat! Gehörte auch er zu den Zweifelhaften? Er ist reich, er konnte sein Leben retten, während ich, der Arme, geopfert werde. Anytos wollte wiedergewählt werden und neuen Glanz erwerben. An seine Stelle treten »Mildere«, sie haben wohl Angst, daß man den Emporgekommenen allzusehr auf die Finger schauen könnte. Die Geldleute sind niemals wahre Demokraten! Warum fällt mir das erst jetzt auf, da meine Erkenntnis keinem mehr nützt, am wenigsten mir selbst!

Vielleicht erlange ich Unsterblichkeit als Weisheitsmörder!

Warum, frage ich mich, hat Anytos dieses ganze Theater gegen Sokrates in Szene gesetzt? Wollte er wirklich, gleich mir, die Demokratie retten? Warum sind mir nicht früher Zweifel aufgestiegen? Sollte es bloß ein Wahlmanöver gewesen sein?

Plötzlich saßen wir drei auf der Anklagebank.

Reden wurden gegen uns gehalten.

Häscher in meinem Hause.

Wie spielte sich das Ganze ab? Mir ist, als ob ein Stück aus meinem Gedächtnis herausgefallen wäre. Der Abschied von den Kindern, vor allem von Alkestis …

»Warum?« fragte ich, als sie mich holten.

»Du weißt genau, daß ihr Athen seines edelsten Mannes, seines besten Bürgers beraubt habt. Wie könnt ihr das jemals verantworten? Drückt dich nicht das Gewissen?«

Sie wollten uns zunächst nicht zusammenkommen lassen. Wir könnten uns verschwören, einen Fluchtplan aushecken.

Klage gegen uns.

Wie war das nur?

Es muß gräßlich sein zu wissen, jetzt stirbt mein Liebster, eben in diesem Augenblick wird er vom Leben zum Tode befördert. Wie wird sich die Tragödie abspielen, wie wird sie aufgeführt? Bin ich ihr Verfasser? Bloß der Schauspieler, der seine Rolle nicht proben kann! Ich kenne sie gar nicht, ich bin unvorbereitet!

Selbstverständlich war ich bei der berühmten Schlußszene des Sokratesdramas nicht anwesend, denn da hatten sich alle seine Freunde versammelt, ich war der Bösewicht, der bestgehaßte.

Damals schon verblich mein kurzer Glanz. Zunächst spendeten sie mir Beifall. Ich hatte Attika und Athen von ungeheurer Gefahr befreit! Fremde sprachen mich auf der Straße an, um mir zu danken, um mich zu meinem Erfolg zu beglückwünschen.

Noch vor der Neuwahl sprach jeder von Anytos' Aufstieg. Der wird endlich die demokratische Ordnung durchführen, hieß es, der wird Vollender von Kleons Werk sein. Wir werden eine neue Blüte unserer Stadt erleben, wie unter Perikles.

Es lief aber dann nicht so glanzvoll ab, alle Preise stiegen. Man verlor das Vertrauen, das Geld schien seinen Wert zu verlieren, es gab keine Sicherheit mehr.

Man hörte Murren gegen Anytos. Er sei nicht der Richtige, Anytos halte nicht, was er versprochen habe.

»Sokrates hatte recht.«

»Bei uns herrschen jetzt diejenigen, welche nichts gelernt haben.«

»Die Unerzogenen sind obenauf.«

»Anytos ist erstaunlich reich geworden.«

»Die Emporkömmlinge beuten das Volk aus.«

»Auf die Aristokratie folgt die Ochlokratie!«

»Sie sind alle bestechlich.«

»Genaue Untersuchung täte not, gewiß wird gestohlen.«

Die Rechnungen der Stadt wurden kontrolliert. Nichts konnte ihm nachgewiesen werden, Anytos war so ehrlich wie Perikles und Kleon, und er war gutmütigeren und ruhigeren Temperaments.

Was steckte hinter all diesen Gerüchten? Wer verbreitete sie? Gewiß die alte Bande, die einst mit Sparta im Bunde gestanden hatte. Immerhin wagte niemand, die Herrschaft des Volkes anzutasten. Wer ist denn das Volk?

Wieso ist Anytos reich, wenn er ehrlich ist? Niemand konnte ihn der Unehrlichkeit im Amte beschuldigen. Dennoch hat er sich herausgewunden, und mich läßt er hier sitzen und sterben!

Schließlich wurde Anytos nicht wiedergewählt. Andere traten an seine Stelle, auch sie gehörten offiziell der demokratischen Partei an. Es ist republikanisch, daß die Leiter des Staates abwechseln.

Manche Leute schienen mich nicht zu sehen, erwiderten meinen Gruß nicht mehr.

Immer wieder wurde von Sokrates gesprochen.

Man pries die Apologien Xenophons und Platons. Ihre Schriften stiegen den Athenern zu Kopf. Welch einen Mann haben wir da umgebracht, riefen sie.

Sokrates war im Munde der Athener nicht mehr der Narr, der unbeschuhte Weißbart, der geschwätzige Glatzkopf, der Ohrfeigen mit einem Scherzwort quittierte. Apollon hatte ihn durch den Mund seiner Priesterin als den weisesten Mann der Welt bezeichnet, durch sie, die auf ihrem Dreifuß über berauschenden Dämpfen saß, um die Wahrheit zu künden, kühne Fragen zu beantworten.

Wahrheit, sie sollte hell leuchten, sie wird alles klären, dachte ich während unseres Prozesses, dummer Hoffnung voll. Die Hoffnung trügt immer wieder, stets suchen wir uns einzureden, daß alles gut wird! Gibt es Wahrheit? Wer hat die Wahrheit verdreht? Sokrates, der Dichterfeind, oder Platon, der so herrliche Prosa zu schreiben versteht? Wer wollte den Dichter umbringen? Kriton und Glaukon leben, leben in Platons Berichten, und ich bin ein schlechter Kerl. Alkestis, die mich am besten kennt, nennt mich einen guten Mann und einen braven Familienvater, obgleich ich allerhand Chimären nachgejagt habe. Sie ist zu gut, zu nachsichtig.

Dichter, ein unzuverlässiger Dichter war ich, habe aus Temperament geschaffen. Hätte ich Eumaios, den zum Sklaven gewordenen Königsohn, bilden können, wenn ich ihn nicht nachgelebt, mich nicht in ihn eingelebt hätte? Dann schlüpfte ich in den häßlichen Leib und die rebellische Seele des Thersites. Jawohl, Sokrates, ich erlebte, erfühlte sie, erdachte sie nicht, klügelte sie nicht aus, denn der Dichter fühlt! Deshalb auch stand ich zum Volke, weil ich mit ihm fühlte. Und nun wirst du zum Idol des Volkes, der weise Mann. Ich weiß, daß die Menge, die mich verabscheut, irregeführt wurde. Werden wir uns im Jenseits darüber unterhalten, im Hades miteinander streiten? Oder werde ich auch dort, was ich bereits hier bin: ein zweiter Sisyphos, der eine Steinkugel bergauf rollt, die ihm immer wieder entschlüpft und abwärts gleitet? Die Kugel der Demokratie! Dem Volk fehlt ein Perikles, es weiß nicht, was ihm guttut.

Der Dichter sollte ein Seher sein. Bin ich ein Verblendeter und ein Geblendeter? Meine Augen werden morgen erlöschen. Was macht es da aus, ob ich ein Sehender bin oder ein Blinder?

Dem Blinden kann nichts klarwerden …

4. DIALOG

Schon wieder unterbricht der Kerkermeister mein Sinnen. Vielleicht ist es gut so, ich versinke bloß ins Brüten, und schlafen kann ich ohnehin nicht.

»Wer kommt denn jetzt?«

»Herr Polyeuktes.«

Mein Richter? Bringt er doch die Begnadigung, in letzter Stunde? Mein Herz pocht heftig gegen die Rippen. Die Hoffnung stirbt nicht! Was anderes als das Leben kann er mir bringen? »Laß ihn rasch herein!«

Er tritt bereits ein, ich schnelle von meiner Liegestatt empor. Soll meine Höflichkeit servil erscheinen. Der Herr über Leben und Tod steht schließlich vor mir.

»Sei gegrüßt, Meletos.« Also Leben.

»Gruß dir, Polyeuktes. Bringst du mir Gnade?« Ist er bleich geworden, oder malt ihm meine eigene Angst die Blässe ins Gesicht?

»Wehe, Meletos, es schmerzt mich, daß ich trügerische Hoffnung in dir geweckt habe. Ich hätte nicht kommen sollen.« Also keine Gnade! Was interessiert mich denn sonst noch auf dieser Erde? Er will sich doch wohl nicht weiden an meiner Todesnot. Ich stöhne.

»Ich hätte nicht kommen sollen, kann dir keine glückliche Meldung bringen, obgleich ich sie gerne gebracht hätte. Der Volksgerichtshof tagt ja nicht mehr, und ich allein habe nicht zu entscheiden. Das Urteil der Richter ist endgültig.«

»Was willst du dann? Kommst du, um mich zu trösten?«

Er schüttelt den Kopf. Er sieht alt aus, alt und hilflos. Als würde er zum Tode geführt und nicht ich.

»Ich fühle eine Last, die mich bedrückt. Es ist wohl so etwas wie schlechtes Gewissen, obgleich ich doch vollkommen schuldlos bin.«

Was will er sagen? Schuldlose Schuld, das ist Ausrede, eine schlechte Ausrede.

»Zwei Todesurteile belasten meine Seele.«

Sucht er etwa mein Verständnis? Er hat mich zum Sterben verurteilt. Soll ich, ein Toter, etwas sagen, als wäre ich *sein* Richter?

»Du weißt, ich meine das gegen Sokrates und das gegen dich, obgleich ich dich für schuldig halte.«

Polyeuktes hat Sokrates viel besser behandelt als mich in meinem Prozeß. Ich fühle und sehe seine Antipathie. »Du stimmst mit den anderen Richtern überein, du bist einer von ihnen, trotz allem! Eine Stimme unter anderen, aber dennoch eine, und vielleicht die gewichtigste!«

»Ich war mit dem Schuldspruch einverstanden, jedoch nicht mit der Strafe.«

»Wie soll ich das verstehen?«

»Sokrates verdiente die Todesstrafe nicht. Du aber auch nicht. Das ist es, was mich bedrückt. Soll ich wieder gehen?«

Ich deute durch eine Geste an, daß er bleiben und sprechen soll. Ich bin gespannt, was er mir zu sagen hat.

»Darf man einen Menschen zum Tode verurteilen wegen seiner Meinungen, wegen seiner Überzeugungen, auch wenn man sie nicht teilt? Ein Gegner ist doch kein Mörder, kein Straßenräuber, nicht einmal ein Dieb.«

»Diebe schützt ihr Gott Hermes, der mächtige Führer ins Totenreich. Wer aber schützt uns arme Denker? Pallas Athene selbst ... ich will nicht lästern ... gerade sie wollte ich verteidigen und ...«

»Du weichst mir aus, Meletos. Antworte mir auf meine Frage: Darf man einen, der nur das Verbrechen begangen hat, anders zu denken, darf man den deshalb seines Lebens berauben?«

»Falls Platon dem Sokrates nicht eigenes Denken unterschoben hat, entspricht es der Lehre des Sokrates, daß Gedanken die wahre Wirklichkeit sind, daß umgekehrt die Wirklichkeit bloß Schatten des Geistes ist. Also ist der, der zu falschem Denken verführt, schuldiger als der, welcher irdisches Gut stiehlt oder sogar Leben bedroht.«

»Willst du immer noch den großen Philosophen angreifen? Bedauerst du nicht, ihn angeklagt zu haben?«

»Ich mußte Athen verteidigen oder eigentlich rächen, denn die Macht Athens ist zu Ende und damit die Freiheit und die Kultur der Welt.«

»Das ist Politik, nicht Philosophie.«

»Sokrates hat die Politik zugrunde gerichtet, die seiner Philosophie entsprang. Ich bin Demokrat, und er war Ideenlieferant der Oligarchen.«

»Kämpfst du immer noch gegen seine Seele?«

»Gegen seinen Schatten.«

»Sag lieber, gegen seine Seele.« Er hat allzusehr von der Seele gequasselt, vielleicht um die eigene Todesangst zu unterdrücken, das Sterben zu leugnen oder doch seines Stachels zu berauben. Hat er nicht Furcht vor dem Sterben gezeigt, gerade darin, falls Platons Bericht im »Phaidon« stimmt, schließlich könnte er ihn auch erfunden haben. »Mich überzeugt und ich bewundere just die Endphilosophie des Sokrates von der Seele und ihrer Unsterblichkeit. Das hat mich wohl auch, ich gestehe es, gegen dich eingenommen, Meletos. Sokrates betonte, daß Geld und Gut Kriege verursachen, wer sonst hätte das so offen und ehrlich gesagt, nicht edle Gründe der Vaterlandsliebe, sondern Gier und Sucht nach Besitz!«

»Dennoch gibt es in seinem Staatsideal eine Kriegerkaste, wie in Sparta!«

»Die fürs Vaterland einsteht, während reichgewordene Bürger wie Anytos einzig an Geld und Gut denken!«

»Und Sokrates streicht, was wir sehen, hören, fühlen und riechen, einfach aus, indem er es für nichtbestehend hält. Allein die schönen Seelen sollen die Wahrheit sein, bloß daß dieser Wahrheit keine Wirklichkeit entspricht!«

»Du bist und bleibst sein Gegner.«

»Deshalb wohl muß ich sterben, Polyeuktes. Doch mich tröstet die Gewißheit, daß der Tod keinen verschont, nicht einmal Gerichtsvorsitzende.« Das Todesurteil über dem Haupt bringt einen Vorteil: ich brauche niemanden mehr zu fürchten, darf meine Wut frei heraus sagen!

»Sokrates lehrte, daß die Seele erst frei wird, wenn sie die Unreinheiten der Gier des Leibes los ist. Bis dahin ist sie Sklavin im Gefängnis des Körpers.«

»Hat er den Sklaven eine Seele zugesprochen?«

Er zuckt die Achseln.

»Du bist Richter über die freien Bürger Athens. Es ist bequemer, über die Sklaven nicht nachzudenken.«

»Auch ihre Seele wird wohl frei, wenn sie die Angst überwunden hat.«

»Ist einer Sklave nicht aus Angst? Angst vor Prügeln, Angst vor dem Tode!« Wie gut ich sie kenne!

»Die Tapferen fürchten den Tod nicht, weil er sie vor noch größeren Übeln bewahrt. Das ist die Weisheit des Sokrates, deshalb sind Menschen bereit zu sterben, um größerem Unheil zu entgehen.«

»Was wäre ärger?«

»Schmerz, Krankheit, Wahnsinn.«

»Erlischt der Wahnsinn mit dem Tode? Ist denn der Leib wahnsinnig oder die Seele? Und da es wohl die Seele ist, wer versichert dir, daß sie geheilt wird, wenn sie dem Leibe entflieht?«

»Sokrates, und auch dafür bin ich ihm dankbar.«

»Warum sollte sie geheilt sein?«

»Eben weil sie aller Unreinheit ledig wird.«

»Sokrates wies seine Gattin aus dem Todesraum, überantwortete sie der gräßlichsten Einsamkeit, gab ihr den ›Trost‹, daß er sie nicht brauche, daß sie ihn störe.« Gut, daß Xanthippe mich besucht hat, so trachte ich ihm seine sokratischen Illusionen auszutreiben!

Polyeuktes wehrt sich: »In seiner letzten Stunde widersprach Sokrates dem Kebes und dem Simmias, die meinten, daß die Seele am Ende doch stürbe, wie Muskeln und Haut und Augen und sogar die Knochen. Er sagte, die Seele bliebe nach dem Tode in einem Reich des Geistes. Natürlich können bloß die Seelen der Guten ins reine Reich der Geistigkeit eingehen, die bösen Seelen der Schlechten müssen umherirren. Sie werden in Tiere verbannt, die ihrem Charakter ähnlich sind.«

»Würdest du mich also in ein Tier verbannen, in

welches, weil ich den edlen Sokrates angeklagt habe?«

»Die unwissenden braven Leute, die nicht aus Weisheit tugendhaft sind, aber keinen Schaden gestiftet haben, gehen in nützliche Tiere ein, wie Bienen …«

»Aha, die Sklaven werden zu weiterer Arbeit verwendet!« höhne ich. »Bedeutet diese Lehre, daß nur die edlen Müßiggänger, die Schüler des Sokrates, ins letzte Glück gelangen?«

»Es gibt viele Stufen.«

»Die reich genug sind, um müßig zu sein, gelangen zur wahren Seligkeit. Wie schön! Wir aber sind nichts weiter als Schatten unserer wahren Wesen: von Wölfen, um als Bösewichter, Streiter und Verräter wie Alkibiades, oder von Bienen, um als Sklaven geboren zu werden?«

»Du hast die Methode des Meisters Sokrates erlernt. Du stellst mir sehr verfängliche Fragen, ich bin aber kein Schüler, sondern ein alter Mann.« Wie es mich freut, ihn in die Enge zu treiben!

»Das eben scheint mir die große Leistung des Sokrates, geschätzter Polyeuktes. Daß er als Lehrer den Schüler dahin führt, selbst nachzudenken, nicht bloß auswendig zu lernen, das ist seine wahre Leistung und sein wohlverdienter Ruhm.«

»Du hast von ihm gelernt und warst alles andere als dankbar.«

»Die Verteilung der Geschicke im Jenseits, die Sokrates ausgemalt hat, ist ebenso ungerecht wie die auf Erden! Und sie scheint vorbestimmt, denn die Begüterten sind zum Herrschen berufen, trotz der frommen Lehren. Sage mir, weiser Richter: Wäre es nicht edler, wenn Sokrates gelehrt hätte, daß der Mensch an andere Menschen denken sollte und nicht an seine eigene Seele? Wie kann ein Sklave in den Tiefen seiner Seele nachforschen, um durch sokratisches Wissen Tugend zu entdekken, wenn er von Morgen bis zur Nacht schweißbedeckt sich plagen muß? Wäre es nicht edler, in den Schülern und in seinen Kindern weiterzuleben, als das eigensüchtige Glück der Seele zu suchen? Was war denn das Ergebnis? Ein Alkibiades, ein hochmütiger Aristokrat wie Platon, ein Söldner wie Xenophon. Deshalb klagte ich ihn an. Ich wollte ihn nicht vernichten, weil er anders dachte, sondern weil er mit seinen Lehren andere Menschen verdarb, weil er die Ungerechtigkeit zur gottgewollten Tugend erhob.«

»Ich will nicht von Politik sprechen, sondern von Philosophie«, wiederholt Polyeuktes, und seine Stimme klingt so kalt, daß mich fröstelt.

Er weiß nicht, wie er sich verabschieden soll. Er ist des Gesprächs so müde wie ich. Ich will ihn nicht hinauswerfen, wie Sokrates seine aufopfernde Gattin. So gähne ich diskret, doch merklich.

Polyeuktes versteht: »Verzeih, daß ich dich gelangweilt habe.«

So scheiden wir voneinander. Das einzige persönliche Gespräch zwischen dem, der das Todesurteil verkündet hat, und dem, der sterben wird.

»Leb wohl«, sage ich. Sind meine Worte echt und ernst gemeint? Nein, Sokrates, ich vergebe dir nicht! Du warst ein verderblicher Schwätzer.

Im Grunde bin ich froh über jeden Abschiedsbesucher, selbst über diesen unerwünschten Polyeuktes! Bin ich, wie er angedeutet hat, ein Mörder, weil ich Sokrates der Gerechtigkeit überantwortet habe, einer Gerechtigkeit, deren oberster Repräsentant Polyeuktes ist? Er tat mir leid, der alte Mann.

Leben nehmen.

Wie viele Leben hat Alkibiades geraubt, wie viele Xenophon, von Kritias gar nicht zu reden …

Ausrede: Philosophie und keine Politik! Der Vorsitzende des Volksgerichts sagt sich vornehm los von Politik. Was wollte er eigentlich von mir? Sein Gewissen erleichtern? Warum sollte ich, wie könnte ich eine Last von ihm nehmen? Sokrates hat mich angegriffen, mich herabgesetzt, mich lächerlich zu machen gesucht. Das war sein gutes Recht, er mußte sich verteidigen. Nun zahle ich mit meinem Leben, mit vielen Jahren.

Immer das gleiche. Die Gedanken gehen im Kreise, wie ein Ochse, der Getreide ausdreschen soll.

Bedrückt den alten Polyeuktes vielleicht mein Tod, weil er den eigenen Tod fürchtet? Er hat Zweifel erweckt.

Hat der Mensch das Recht, andere zum Tode zu verurteilen? Das Leben ist von der Natur gegeben, von den Göttern, wenn man's so nennen will. Hat der Mensch das Recht, es zu zerstören?

Mit jedem Schritt durchs Gras zertreten wir Pflanzen. Wir schlachten Tiere, fressen Tiere. Leben wird getötet und wird wieder zu Leben, dient anderem Leben. Ist es tröstlich, daran zu denken?

Nichts mehr wissen von der Welt, für mich wird sie nicht mehr bestehen.

Meine Kinder werden leben, Meletos glaubt an mich, ist stolz darauf, meinen Namen zu tragen.

Ich bin müde ... Meine Augen sind zugefallen.

Schlafe ich, oder bin ich wach? Lebe ich, oder bin ich schon gestorben? Sokrates besucht mich. Nochmals ... träume ich? Wenn ich träume, lebe ich noch, und er?

Sokrates' böse Voraussage, sein Fluch, hat Anytos' Sohn geschlagen.

Ich sehe ihn vor mir. Verzeih mir, Alter ... War es meine Schuld? Wollte ich den Fehlschlag meines »Thersites« rächen? Sogar Xanthippe trauert um dich, Sokrates! Deine Kinder blieben Waisen, wie meine sein werden!

War er nicht doch mein liebevoller Lehrer?

Kommst du jetzt, Alter, mir Reue einzuflößen? Willst du mir helfen oder mich völlig zerbrechen?

Ich habe dich zum Tode gebracht. Darin liegt meine Schuld. Schuld gegen wen? Gewiß nicht gegen Athen! Bereue ich bloß, weil es schlecht ausgegangen ist? Athen war nicht mehr zu retten! Stirbt es mit dir ... mit mir?

Du hast gesagt: Die Strafe ist der Tod.

Ja ich bedaure, bereue! Diese Worte lasten schwer auf meiner Seele.

Wache ich, oder verträume ich die letzten Stunden?

Es klopft ... also muß ich wach sein, erwachen.

VI

Der Kerkermeister kommt, freundlich.

»Herr.« Für ihn bin ich immer noch ein Herr. »Diese Amphora ist für dich gebracht worden ...« Da muß ich ihm einen Becher von diesem Wein anbieten!

»Dürstet dich?«

»Wahrst du den Wein nicht für deine Gäste?«

»Die Amphora ist doch voll. Kommt noch einer?«

»Der mir den Wein in die Hand gegeben hat, bat mich, ihn zu melden. Willst du ihn empfangen?«

»Wer ist er denn?« Ich bin gespannt. Immer noch neugierig!

»Antisthenes.«

»Schnell, laß ihn ein!«

Also einer der alten Sokratiker ... der älteste! Vielleicht stand er mir am nächsten. Er war es, der Sokrates am schärfsten kritisierte, genau genommen war er der einzige, der den Meister zwar anhörte, doch nicht an ihn glaubte. Sprechen sie deshalb schlecht von ihm? »Hund« nennen ihn manche, gerade den, der nicht hündisch treu, sondern kritisch ist!

Als Sokrates wieder einmal die edle Muße lobte, die dem Weisen notwendig sei, um nachzudenken, sagte Antisthenes: »Ich meine, daß Arbeit wertvoller ist als Ruhe.«

»Suchst du nicht auszuruhen, wenn du dich angestrengt hast?« fragte Sokrates.

»Gewiß, doch findest du es angenehm, den ganzen Tag lang auf einem Ruhebett zu liegen, wenn du nicht krank bist?«

»Ich liege nicht, ich gehe durch die Stadt und spreche. Doch wenn ich geschäftig wäre wie die Dummen, wenn ich stets etwas zu tun hätte, könnte ich nicht meditieren.«

»Und wenn du mit den Leuten sprichst?«

»Bin ich glücklich. Wie könnte ich sie belehren, wenn ich Statuen meißeln müßte, wie es mein Vater getan hat?«

»Und was hältst du von Herakles?« fragte Antisthenes listig. Wie mir dieses Gespräch im Gedächtnis geblieben ist, weil einer dem Sokrates zu widersprechen, seiner beinahe zu spotten wagte!

»Ich kann nur einstimmen in die Hochschätzung, die ihm alle Welt zollt. Er ist der mächtigste und edelste aller Göttersöhne und Halbgötter.«

»Und was wird an Herakles gerühmt?«

»Daß er am Scheidewege den Pfad der Tugend wählte und nicht den verlockenden des Lasters.«

»Und wohin gelangte er auf dem Pfad der Tugend?«

»Zuerst auf den Scheiterhaufen, von dort aber geradewegs auf die Höhe der Unsterblichen.«

»Und wie war der Pfad der Tugend beschaffen?«

»Dornenreich, so wird berichtet.«

»Die Dornen sind wohl sinnbildlich aufzufassen?«

»Gewiß.«

»Was also waren die Dornen auf Herakles' Weg?«

»Laß mich nachdenken, das Nessoshemd ...«

»Das ihm die dumme Deianeira gegeben hatte, die ihm damit unerträgliche Qualen bereitete, so daß er selbst den Scheiterhaufen anzündete und zum Himmel fuhr. Es gehörte also das Hemd nicht der Tugend, sondern ... eher dem Laster, denn Nessos rächte sich an Herakles. Doch da war ja der Weg beendet. Sage mir, welche Dornen hat Herakles auf seinem Tugendpfade gefunden und überwunden, hat man uns das nicht schulmeisterlich eingetrichtert?« Wie ich mich seiner Bosheit freute!

»Heldentaten.«

»So nennst du sie, wie aber heißen sie allgemein?«

»Die zwölf Arbeiten.«

»Siehst du, die Arbeit ist das, was die Tugend ausmacht, durch Arbeit leisten wir ...«

»Arbeit, Handarbeit ist Sache der Sklaven oder des niedrigen Volkes! Kannst du den nemeischen Löwen oder die Hydra oder den Kentaurenkampf damit vergleichen?«

»Und die Räumung, die Reinigung des Augiasstalls?«

»Das war seine einzige Schmutzarbeit.«

»Er mußte den Kot fortschaffen. Ist es nicht verdienstvoller, den Dreck wegzuräumen, als einen Löwen oder eine Hydra umzubringen? Just indem man Mist schaufelt, reinigt man ...«

Es war eine der seltenen Gelegenheiten, bei denen Sokrates stumm blieb.

Nun wird die Zellentür geöffnet, Antisthenes tritt ein, sein Antlitz scheint betroffen, betrübt. Er umarmt mich stumm.

»Du hast dich meiner erinnert«, sage ich und schäme mich sogleich meiner Rührung.

»Ich schätze dich.«

»Den Mörder des Sokrates.« Er versteht die bittere Ironie.

»Ich habe dir vieles abzubitten.«

»Du mir? Wieso?«

»Ich will dir noch manches erklären ...«

»Damit ich weiser in Staub zerfalle?« Plötzlich kommt mich Lust an zu diskutieren. »Dank für den Wein, laß uns davon trinken! Du allein hast gewagt, dem Sokrates Gegenfragen zu stellen, und ihn besiegt, damals, mit Herakles.«

»Nun ja, die Gegenfragen ...«

»Und ich stellte ihm Fragen und Gegenfragen im Prozeß, die Chronisten verschweigen sie. Die Fragen brachten Sokrates ins Grab, ihm schadeten sie, mir nützten sie nicht. Niemand weiß mehr, daß ich Sokrates angeklagt habe, um die Demokratie zu retten.«

»Wie gerne ich dir widersprechen möchte, leider ist sie unrettbar verloren.«

»Die Geistlosen siegen unter dem Vorwand, den Geist zu rächen, an mir zu rächen ... Nein, ich bin nur einzig mir noch wichtig. Lakedaimonier, Makedonier, Karthager, Römer, Barbaren, alle werden verschwinden und die Hellenen auch.«

»Sie werden es überleben.«

»Werden sie aber Hellenen bleiben?« frage ich.

»Eine Fackel wird bleiben in der Nacht, die über uns hereinbricht. Fast könnte ich dich beneiden. Nein, das ist eine Phrase, die ich mir nicht gestatte, eine lügenhafte. Man muß das Übel bekämpfen, solange man kann, darf nicht ausweichen!«

»Ist der Tod kein Übel?«

»Wenn ich wüßte, wie du noch zu retten wärest ...«

»Du weißt es genau, du Wahrheitsliebender. Es gibt keine Hoffnung mehr.«

»Wir alle warten auf den Tod.«

»Ich kenne den Zeitpunkt, das ist bitter.«

»Das stimmt leider. Ich kann dein Geschick nicht ändern, ich bin bloß ein Denker. Ich will nicht das dumme Wort gebrauchen und mich einen Philosophen nennen, ich liebe die Wahrheit nicht bloß, ich weiß manches ...«

»Kann mir dein Wissen noch etwas sagen?«

»Das hoffe ich. Du hast die Becher gefüllt, laß uns trinken!« Wieder umarmt mich Antisthenes, wie sonderbar, er gilt als kalter Fisch, niemals überschäumend, nie sentimental.

»Was willst du mir mitteilen?«

»Manches, das ich weiß, und auch, was ich vorhabe.«

»Mich betreffend?«

»Auch das.«

»Was kann mich denn noch angehen?«

»Dein Sohn.« Natürlich betrifft mich das! »Meletos will arbeiten.«

»Und das scheint dir richtig?«

»Wichtiger ist, den Rinderstall zu säubern, den Kuhdreck fortzuschaffen, als Tugend zu predigen, die als Wissen hingestellt wird, die aus dem Kopf gezogen werden soll statt aus der Gebärmutter, und auch in diese muß etwas hineingelegt werden, wenn etwas herauskommen soll.«

Wider jede Erwartung kommt mich Lachen an. »Spielst du Sokrates?« frage ich.

»Nein, man muß lernen, was anderen Menschen hilft. Keiner steht allein, Arbeit verbindet.«

»Das sagst du heute mir, der ich morgen sterben werde, allein. Den Göttern sei Dank, daß kein anderer dieses Schicksal mit mir teilen muß. Doch ist es bitter ... ich bin allein ... so allein!«

»Bin ich nicht bei dir? Man hat mir erzählt, daß du schon mehrere Besucher empfangen hast.«

»Gewiß, den eines illustren Botschafters, der mich retten wollte, doch seine Intervention hat nichts genützt, und den meines Sohnes Meletos, dessen Zukunft ich verderbe, nicht bloß durch Vererbung meines schlechten Namens ...«

»Der junge Meletos wird dich nicht vergessen und durch dich wissen ...«

»Daß man Viehhäute gerben muß.«

»Das ist schließlich wichtiger als Geschwätz von Tugend und Müßiggang.«

»Leben die Müßiggänger nicht besser, als es ihm beschieden sein wird?«

»Bequemer wohl, besser nicht! Unter den Sokratikern bist gerade du mein Freund. Doch du warst auch sein Schüler, so will ich dich nach seiner Methode fragen: Dein Sohn soll also Leder bearbeiten?«

»Das muß er wohl.«

»Menschen werden auf Schuhen gehen, werden sie brauchen als Schutz gegen Steine, Schmutz, Unwetter ...«

»Vielleicht wird man an die Ochsen oder Widder denken, von denen das Leder stammt, kaum aber an den Mann, der es bearbeitet hat.«

»Anytos, der Lohgerber, hat es weit gebracht. Man kann reich werden bei diesem Geschäft.«

»Es stinkt.«

»Alles tierische Leben stinkt.«

»Wird mein Meletos mir vergeben können, was ich ihm angetan habe?«

»Er wird selbständig denken.«

»Warum muß ich sterben, gerade ich?«

»Weil du ein denkender Mensch bist. Denken ist bedrohlich!«

»Unerbittlich ist das Schicksal.«

»Darum gibt es Tragödien, und du bist ein tragischer Dichter.«

»Soll ich den Göttern dafür danken?«

»Dazu ist noch Zeit.«

»Zeit, Zeit! Doch du hast recht, wenn es ein Leben nach dem Tode gibt, dann kann ich ihnen danken. Und wenn der Tod endgültig ist, hat es keinen Sinn, sich an die Unsterblichen zu wenden. Niemals werde ich wissen, ob sie existieren.«

»Was du nicht weißt, kann dein Sohn lernen. Außer dem Handwerk wird er auch denken und wissen.«

»Ohne Lehrer?«

»Er wird einen finden, ihn wird sogar einer suchen, um ihn zu bilden.«

»Wer?«

»Ich.«

»Man sagt dir nach, Antisthenes, daß du dir deinen Unterricht bezahlen läßt.«

»Ich muß von meiner Arbeit leben, und außerdem halten mir die Drachmen, die ich für den Unterricht verlange, manchen Idioten fern.«

»Und wenn einer nicht zu zahlen vermag?«

»Wenn er so gescheit ist wie dein Sohn, zahlt er besser als Silber. Dein Meletos soll nicht bloß seines Vaters, sondern auch meine Hoffnung sein: Schüler sind Söhne!«

»Wie kann ich dir danken?« Der gelehrteste Mann Athens wird meinen Sohn unterrichten. Ich muß darüber glücklich sein, bin zur Freude verpflichtet, denn mein Kind hat ein reiches Leben vor sich! »Du bist ein wahrer Freund!«

»Bin ich das, bin ich nicht eher dein Unglück?«

»Wie kann ich diese Frage beantworten, ich verstehe sie nicht.«

»Wir sind eben unheilbare Schüler des Sokrates, der aus männlichen Gebärmüttern herauszieht, was nicht drinnen ist.« Wieder lachen wir beide, und obgleich es etwas zittrig ist, wirkt sogar dieses einigermaßen gewaltsame Lachen befreiend. »Nun muß ich dir ein Geständnis machen, und wenn du mir nicht verzeihen kannst, jage mich fort. Auch dann werde ich deine Kinder lehren und betreuen, als ob sie meine eigenen wären.«

»Du hast keine eigenen Kinder?«

»Ich beging niemals den Wahnsinn zu heiraten, ich binde mich an keine Frau. Wenn sie schön ist, muß man sie mit anderen teilen, und wenn sie häßlich ist, werden die Pflichten zur Last. Keusch lebe ich deswegen nicht, wie du sehr wohl weißt, und eine männliche Hälfte der auseinandergeschnittenen Frucht suche ich gewiß niemals. Ich verschaffe mir Frauen, die mir gerne und dankbar entgegenkommen, dann ist beiden geholfen.«

»Meine Frau ist schön und gut.«

»Du hast recht, und ich will die drei Kinder, die zwei so einzigartigen Menschen entsprossen sind, lehren und behüten. Dein Meletos soll Werkarbeit verrichten, so wird er wissen, wie Menschen schaffen, er wird zu ihnen gehören. Doch was ich an Kenntnissen besitze, werde ich ihm mitteilen. Vielleicht würden deine Sprößlinge einen besseren Meister verdienen.«

»Ich wüßte keinen besseren!«

»Nein, nein, ich muß dir die Wahrheit gestehen: ich bin schuld an dem Urteil gegen dich!«

Ist er verrückt? Scherzen kann er doch nicht …

»Ich habe, ohne es zu wollen, den Ehrgeiz des Anytos geweckt und aufgestachelt, durch meine Kritik an Sokrates. Ich muß dir's erzählen. Oder störe ich dich in deinen Meditationen? Du darfst mich in jedem Augenblick hinausweisen.«

»Ich kann jetzt nicht schlafen. Es ist ein gutes Werk, wenn du mir Bericht erstattest, wenn ich noch ein wenig am Leben teilhaben darf.«

»Ein Jüngling kam zu mir und fragte, wo er und

einige seiner Freunde das tiefste und gründlichste Wissen erlangen könnten.«

»Bei dir!«

»So überheblich war ich gar nicht, obgleich ich nicht gerade an übertriebener Bescheidenheit leide. Er erkundigte sich, wer der Weiseste sei, denn sie wollten den Allerbesten zur Erziehung dessen, was er als ihre Seelen bezeichnete. ›Das weiß ich nicht‹, erwiderte ich ehrlich. Da fragte er weiter: ›Ist denn nicht Sokrates der weiseste unter allen Menschen, so hat ihn doch der Gott in Delphoi genannt‹.«

»Das sagte der junge Mann?«

»Er log nicht, wie du weißt. Apollon kündet in Delphoi durch der Pythia Mund immer das, was in die Pläne der Lakedaimonier paßt.«

»Manchmal scheint es so ...«

»Es ist so! Apollon hilft den Spartanern, Gold kauft auch Götter.«

»Vorsicht, mein Freund Antisthenes!«

»Ich will Apollon nicht beleidigen, aber seine Pythia ist ein menschliches Wesen. Warum sollte gerade sie nicht bestechlich sein? Weißt du wirklich nicht, daß man auch Orakelsprüche, nun sagen wir, lenken kann?«

»Durch Beten und Opfer.«

»Vor allem durch Opfer! Und das Opfertier kann durch Geldwert abgelöst werden. Deine Anklage war völlig richtig. Sokrates nützte den Lakedaimoniern und hat zum Unheil von Attika und ganz Hellas beigetragen.«

»Ich sterbe sinnlos.«

»Jeder Tod ist sinnlos ...«

»Ein schöner Trost!«

»Soll ich dir Lügen auftischen, um dich zu trösten? Soll ich dir ein schönes Jenseits ausmalen, wo du für deine Verdienste ums Vaterland belohnt wirst? Platon wird das irgendwann einmal wundersam beschreiben! Wer Hoffnung auf die Belohnung nach dem Hinscheiden weckt, der möchte die Revolution und den Umsturz in dieser Welt verhindern.«

»Sokrates hat viel von der Unsterblichkeit der Seele gesprochen. Hoffen wir das nicht alle?«

»Wir hoffen alle, selbst wenn wir nicht glauben. Und wenn du daran glaubst, ist es wahr? Du hattest recht mit deinem Vorwurf, daß Sokrates den fremden Gott der Delphier gegen unsere Athene ausspielte. Vielleicht kommt einmal in ferner Zukunft die Wahrheit ans Licht ...«

»Ließ sich Sokrates kaufen?«

»Ich möchte eher sagen: Die Spartaner haben ihm den Orakelspruch gekauft und zum Geschenk gemacht.«

»Er hatte wohl kaum Geld.«

»Das meinst du? Hat er dir nicht einmal geholfen?«

»Gelegentlich durch Ratschläge, in einem Falle verhalf er mir zu einem Darlehen.«

»Von wem hast du das Geld auf die Hand bekommen?«

»Von Sokrates.«

»Es war sein Geld! Meinst du, daß sich Sokrates an der Atemluft satt essen konnte? Edelmut schien, daß er sich seinen Unterricht nicht bezahlen ließ. Geschenke aber nahm er an. Mir scheint Bezahlung würdiger, Geschenke erregen immer Verdacht, könnten Bestechung sein. Perikles nahm niemals ein Geschenk an, er wollte unbeeinflußt und unantastbar bleiben. Auch Sokrates wußte sehr wohl mit Geld umzugehen, das aber hat er seine Schüler nicht gelehrt, weil sie es nicht nötig hatten, denn ihre Väter sorgten für sie. Er hatte übrigens auch geerbt. Sein Vater hatte mit seiner Hände Arbeit ein kleines Vermögen geschaffen, und seine Mutter hatte ihm auch, was er niemals erwähnte, ein hübsches Sümmchen hinterlassen. Sokrates sorgte dafür, daß es nicht weniger wurde, sondern mehr.«

»Ohne zu verdienen?«

»Ohne zu arbeiten. Er verlieh es und nahm hohe Zinsen. Auch von dir.«

»Soll das meine Betrübnis mindern?«

»Das hoffe ich, denn es zeigt, daß du richtig gehandelt hast! Ich aber bin schuld daran, daß du hier sitzest, hier im Kerker.« Zum ersten Male verschlägt es Antisthenes das Wort, die Zunge scheint ihm schwer zu werden. »Ich habe dem dummen Jungen, der das Beste vom Besten wollte und meinte, daß ich nicht ausreiche, um seinen und seiner Gefährten hohen Geist genügend zu schärfen, gesagt, daß ich Sokrates nicht für den Weisesten unter den Sterblichen halte: ›Selbst Anytos ist gescheiter und dient dem Wohl des Vaterlandes wesentlich besser als er‹, und das hat er mißverstanden.«

»Das ist deine wahre Meinung?«

»Es war zumindest meine Meinung, Anytos war der Mann der aufstrebenden Werkleute. Natürlich suchte er die Macht, ohne Macht hätte er den Armen nicht nützen können. Anytos war damals ein anständiger Mann und ein tüchtiger Politiker. Vielleicht war er zu ehrgeizig. Doch ist Ehrgeiz nicht die Triebfeder jedes Menschen? Ich will Werke schaffen, genauso wie du, ich lebe für meine Gedanken, meine Philosophie. Es muß nicht Macht sein, die wir anstreben. Mancher sieht Erfüllung darin, viel zu besitzen, sich ein großes Haus bauen zu lassen, ein anderer berauscht sich daran, daß man vor ihm kriecht, ihn braucht. Deshalb suchte Anytos Macht, Geld verachtete er auch nicht. Er häufte es an, machte seine eigene Werkstatt auf, hatte seine eigene Lohgrube, wurde immer größer und größer. Da viele für ihn arbeiteten, wurde er ein begüterter Mann. Daher war ihm möglich, den Prozeß in die Wege zu leiten und zu finanzieren.

Der junge Hohlkopf, dem ich gesagt hatte, daß ich Anytos für klüger halte als Sokrates, hatte nichts Eiligeres zu tun, als das seinen Gefährten mitzuteilen. Er und seine Freunde gingen zu Anytos und beriefen sich auf mein übertriebenes Lob. Wahrscheinlich steigerten sie meinen unbedachten Ausspruch gewaltig, um ihm zu schmeicheln. Ich weiß nicht, ob sie wirklich meinten, daß der Politiker und Unternehmer Zeit finden werde, unreife Jungen zu unterrichten, oder ob sie seine Protektion suchten und sich bei ihm lieb Kind machen wollten. Dem Anytos aber stiegen meine Worte zu

Kopfe, denn was uns gefällt, glauben wir gerne. So wurde ich in den Augen des Anytos zum Weisen und zum Orakel, weil ich ihn gescheit genannt hatte! Jetzt meinte er, daß ihm nur Sokrates im Wege stehe, denn den hatte die Pythia für den weisesten unter den Menschen erklärt.

Anytos bildete sich ein, daß er selbst den Gipfel der Weisheit und Anerkennung ersteigen könne, wenn er das ›Hindernis‹ aus dem Wege räume. Er hielt sich wohl dann berufen, den Platz des Perikles zu erklimmen oder zumindest das Ansehen eines Kleon zu erringen. Anytos war, das muß ich anerkennen, zweifellos davon überzeugt, daß er recht hatte. An Sokrates' Schuld zweifelte er genausowenig wie du. Er wollte aber auch in ganz Hellas Aufsehen erregen, die Spartaner ärgern und die Dankbarkeit und Bewunderung der Athener ernten. Die Handwerker, deren Führer er war, vermochte er leicht für sich zu gewinnen und zu überzeugen, Lykon war ein großer Redner und gar einflußreich vor unseren Gerichten und in unserer Politik und du … Dein ›Eumaios‹ hatte gefallen, Propaganda wurde auch für dich gemacht, du wurdest zum Dichter des Volkes.«

»Für sehr kurze Zeit. Genau genommen, habe ich davon kaum etwas gemerkt.«

»Weil du ein Volksdichter warst, wurdest du von der Bühne gedrängt und dein viel gefährlicherer ›Thersites‹, ein viel mächtigeres Stück als der ›Eumaios‹, zum Scheitern gebracht. – Anytos also heckte den Plan aus, und in vielen Punkten stimmte seine Rechnung: Sokrates starb. Etwas aber übersah Anytos, wie es zumeist geschieht, weil ja der Wunsch der Vater der Gedanken ist. Anytos unterschätzte die Intelligenz und Zielstrebigkeit seiner Gegner. Während der Prozeß gegen Sokrates genau nach Anytos' Absicht ablief, entsprachen die Folgen nicht seinen Erwartungen. Die Aristokraten fühlten sich bedroht und merkten bald, daß sie Vorteile aus dem Tode ihres ›Abgottes‹ ziehen konnten, ja, daß der tote Sokrates ihnen besser diente als der lebendige!

Durch Ausbeutung, durch Sklavenarbeit sogar, gelangte Anytos zum Reichtum. Mancher meinte, daß er ihn ersetzen könnte, die klügsten unter seinen Wählern begannen an ihm zu zweifeln. Bald fanden sie Anhang, freilich wurde die Opposition von denen geschürt und ›unterstützt‹, die in Wahrheit Feinde der Macht des Volkes waren. Zunächst mußten sie die Menge, das Volk, durch Irreführung gewinnen. Sie luden die Armen zu öffentlichen Gelagen ein, fütterten sie mit gebratenen Ochsen, gaben ihnen reichlich zu trinken und gewannen ihre Stimmen.

Die Windrichtung änderte sich, und das Geld wirkte: ist einer, der Tausende von Minen besitzt, nicht tüchtiger und gescheiter als einer, der um dreißig Drachmen im Monat schwitzen muß? Das dachten sie, doch sagten es durchaus nicht, vielmehr wurde Sokrates als bescheidener Mann des Volkes, der von Bösewichtern verleumdet worden sei, dargestellt. Er war die Leuchte Athens, der selbstloseste und edelste, der nach göttlichem Zeugnis weiseste aller Athener, aller Hellenen, aller Menschen. Neid und Bosheit hatten uns des größten Mannes beraubt. Es gibt keine Gerechtigkeit mehr …

Und so trauerten die Dummen um die Weisheit: Sie verkauften sich für einen Humpen Wein und ein Stück Ochsenrippe und wußten gar nicht, was sie anstellten. Anytos geriet ins Hintertreffen, er wurde zurückgedrängt, trotzdem immer noch gehaßt und gefürchtet. Er mußte gestürzt werden, und du gehörtest zu ihm, du spieltest die tragende Rolle und wurdest daher zum Opfer. Ich mache mir die bittersten Vorwürfe, weil ich zu den Hohlköpfen gesprochen hatte. Man sollte nicht reden, sondern schweigen lernen! …«

Ich werde schweigen für immer, mich brauchst du nicht zu belehren …

»Wie man mir erzählt, soll es Anytos gelungen sein, all sein Gut, außer dem Haus in Athen, zu Geld zu machen. Das geschah schon, bevor noch das Urteil gesprochen war, und sicherlich hat er das Geld außerhalb der Staatsgrenzen verschwinden lassen. Im Ausland lebt er, doch nicht im Elend.«

»Und Lykon?« Was geht mich denn Lykon noch an?

»Der hat wohl so ähnlich verfügt. Geld rettet sich durch Geld.«

Nur ich bin der Dumme, ein trauriger Narr! Stille, Pein. Der Lauf des Schicksals kann nicht mehr geändert werden. Dennoch und deshalb, ich brauche Trost! Antisthenes ist gescheiter als ich. So frage ich: »Erkläre mir eines, laß uns klar feststellen, ob mein Ende, mein Tod, irgendeinen Sinn hat. Du behauptest, der Tod habe nie einen Sinn. Er ist aber das Ende des Lebens, und das Leben müßte doch einen Sinn haben. Ich bleibe für alle Zeiten das Beispiel eines Mörders, und nur Sokrates verdanke ich diesen traurigen Ruhm. Er wird als Beispiel des Weisheitsfreundes gelten.«

»Sokrates sprach von Moral, von Recht und Unrecht. Er beugte sich jedem Gesetz, auch dem, das ihn verurteilte. Er wollte jedoch nicht wahrhaben, daß Vorschriften gesetzt sind, um das Zusammenleben der Menschen zu ordnen und dadurch zu ermöglichen, daß Moral da ist für die Menschen, für die Wahrung ihres Wohlbefindens, keineswegs aber ewig und unabänderlich! Du hingegen bist ein schöpferischer Mensch, einer, der Wandlungen versteht, der weiß, daß fortwährend Neues entsteht.«

»Keiner wird sich meiner Werke erinnern. ›Eumaios‹ und ›Thersites‹ sind tot, bevor ich selbst sterbe!«

»Dennoch, einmal Gedachtes kann niemals ungedacht werden, was eingegangen ist in den Menschengeist, wirkt fort. Das ist wohl, was wir Ewigkeit nennen oder Unsterblichkeit.«

»Ewig?« Will ich ewig leben? Ja, ja, niemand will verschwinden. Oder wäre es ein Fluch, ewig zu leben?

»Wenn wir uns auf einem Fleck der Erde befinden, so leben wir auch in der Ewigkeit, haben teil an ihr, dadurch, daß wir in einem Stück derselben sind.«

»Und dieses Stückchen nennt man Zeit! Gibt es denn die Zeit, ist sie wirklich?«

»Leider, denn wir können sie messen, denn sie geht vorüber. Herakleitos hat recht: Alles fließt, wir alle fließen mit, werden mitgeschwemmt im Strome der Ewigkeit.«

»Verfließt die Zeit, oder fließen und verfließen bloß wir?«

»Alles fließt!«

»Dann gibt es die Zeit bloß, weil unser eigenes Leben flüchtig ist?«

»Ich weiß es nicht.«

»Gleich Sokrates weißt du, daß du nichts weißt«, und plötzlich scheint auch das mir ein trauriger Scherz.

»Daß wir vieles nicht wissen, heißt nicht, daß wir es nicht wissen können, oder gar, daß wir es nicht wissen dürfen.«

»Sonst vermöchten wir nicht zu schwimmen im Strom der Ewigkeit ...«

Klopfen an der Türe.

»Es ist spät, Antisthenes«, bemerke ich schweren Herzens. »Geh zu den Lebenden zurück, du, mein bester Freund!«

»Deine Kinder werden lernen, werden viel wissen und, auch dessen darfst du getrost sein, Alkestis wird niemals Not leiden. Ich bin kein reicher Mann, doch ich verstehe immer, durch meine Tätigkeit das zu erwerben, was ich brauche. Was die Deinen benötigen, werde ich herbeischaffen und es richtig verwenden. Ich glaube, wir müssen das Notwendige nicht nur erkennen, um es hinzunehmen, sondern auch, um das Notwendige zu tun. Ich verspreche, daß ich es tun werde.«

Wieder pocht der Kerkermeister, und schon öffnet sich die Türe …

Mein letzter Lebenstag ist um.

VII

Grau schimmert durch das Fenster, es ist so hoch oben. Die Sonne kann ich nicht sehen, werde sie nie mehr betrachten dürfen. Nie mehr wird sie mich wärmen …

Das Meer liegt draußen, weit draußen am Phaleron, der wunderbaren Bucht. Schiffe liegen im Piräus vor Anker.

Ich sehe sie nicht …

Notwendigkeit, sagte Antisthenes. Jeder findet sich mit der Notwendigkeit ab, solange es ein anderer ist, der stirbt. Zwang, Schicksal. Ich schwimme im Strome, noch schwimme ich, doch ich gehe unter … selbst der Untergang beweist das Vorhandensein des Stroms! Strom heißt, daß ich teilhabe, teilhabe in Alkestis, in unseren Kindern, vielleicht sogar in meinem Werk.

Mein Werk lebte, als ich es schuf, ich erlebte Eumaios und Thersites, sie waren mein wahres Leben.

Tod! Was ist der Tod? Eine Erscheinung des Lebens, Notwendigkeit des Lebens. Alles Lebendige stirbt; wenn es nicht stürbe, lebte es nicht. Leben die Götter, wenn sie nicht sterblich sind? Kann es unsterbliche Götter geben? Oder gilt für Götter nicht, daß sie Platz machen müssen für das Neue, das Kommende?

Überflüssige Gedanken, ja, sie fließen über, solange ich lebe, muß ich denken ... trinke nie aus dem gleichen Strom, ströme fort, der Strom entflieht ...

Nach dem Tode des Sokrates begannen sie, ihn zu vergöttern. Platon, Kriton, Glaukon, des Kritias Erbe, und Xenophon, der Söldnerführer ... und die meisten waren noch weniger wert als dieser. Und mir werfen sie vor, daß ich den Sold von Anytos nahm für meine Arbeit! Söldner sind sie und Söldnerführer!

Mir war nicht wohl nach dem Tode des Sokrates. Es war das einzige Mal, daß ich zum Tode eines Menschen beitrug ... Habe ich einen getötet, als wir gegen Kritias ausstürmten? Tod und Leben. Wer weiß, wann er tötet? Sie machten aus Sokrates ein Vorbild, ein Idol ... und ich fürchtete, mich packte Angst. Immer ärger wurde die Feindschaft. Niemand wollte mich kennen. Man fühlt das Gewitter, bevor es ausbricht.

Dann kamen die Häscher.

Keine Schrammen von Steinen, kein Blut wird über Kopf und Hals fließen, schlafen ... dem Sokrates ersparte der Tod Jahre des Alters, des Abstiegs. Mir nimmt er die Jahre des Schaffens, die besten Mannesjahre. Wozu das überdenken, Meletos, es bleibt dir keine Wahl.

Klopfen, der Schlüssel dreht sich im Schloß.

Er kündigt mir die Gäste an, der Kerkermeister. Heute wird er den vornehmsten aller Besucher melden, den Tod, den Jüngling, der die Fackel löscht.

»Bringst du schon den Becher?« frage ich. »Ich darf zuvor noch meine Frau sehen, das ist mir zugestanden worden.«

»Gewiß, mein Herr Meletos, ich bringe dir bloß noch eine Karaffe mit Wein, die Herr Antisthenes für dich geschickt hat.«

»Danke.«

»Trink ihn, um die Stunden zu erleichtern, zu verschönern.«

»Wie viele?«

»Zwei ...«

»Und zuvor kommt Alkestis.«

»So heißt deine Gemahlin?«

»Die treueste aller Frauen.«

»Ein treues Weib, du Glücklicher! Meines lief mir davon, als wir beide freigelassen wurden. Ich schäme mich der Schwäche, daß ich ihr nachtrauere, es ist mir, als ob mein Leben fortgelaufen wäre mit ihr.«

»Hast du Kinder?«

»Ein Söhnchen, das hat sie mir zurückgelassen.«

»Ihr bestes Teil.«

»Das hoffe ich. Dir gestehe ich, was ich noch keinem je verraten habe: daß mich die Freiheit nicht freut. Beinahe könnte ich dich beneiden, wenn deine Frau bis zum letzten Atemzug treu bei dir ausharrt.«

Was doch alles Glück ist: Und jetzt erst sehe ich die traurige Menschlichkeit, den leidenden Menschen in diesem dienenden Kerkermeister …
und den Schmerz des Lebenden …
auch die Freiheit ist nicht ungetrübt.

6. DIALOG

Sie darf nicht trauern. Das ließ ich ihr sagen. Sie weint, das kann ich ihr nicht verdenken, dennoch: »Du sollst unser letztes Glück nicht mit Tränen salzen, meine Geliebte«, ich höre mich, und es klingt schulmeisterlich hohl und falsch.

»Dank, Dank … Meletos, für alles, für … ach, ich kann nicht …«

»So laß die Tränen fließen, wenn du sie nicht unterdrücken kannst, sie sind schön, weil sie den schönsten Augen entströmen, den blaugrünen Augen Athenes, der Göttin, und weil sie mir geweiht sind … sei gesegnet, Alkestis.«

»Wie kann ich ohne dich leben, mein Liebster?«

»Glück bist du für mich, solange ich lebe: Du bist die Schönheit und die Muse in meinem Dasein, ich gehe fort als reicher Mann. Selbst das Wasser des Lethe wird mich nicht vergessen lassen, was mein irdisches Glück ist, mein ganzes Glück.«

»Meletos!«

»Ich wollte dir mitteilen … eine wichtige Botschaft … Antisthenes …«

»Ich weiß, er wird sich unserer Kinder annehmen, sie unterrichten … er war in unserem Haus, um mir zu sagen, was er dir versprochen hat und was er halten wird, bis zum letzten Augenblick. Er hat es sogar geschworen, bei Hades und Persephone, bei allen Göttern der Unterwelt …«

Zu denen ich gehe … oder auch nicht, wer weiß … »Doch Alkestis, ich, ich muß dir sagen …«, ich bringe es nicht über meine Lippen, meine Zähne schließen sich … ich bin ein jämmerlicher Feigling oder Egoist … »Alkestis, ich … ich muß dir sagen … wenn ich ins Totenreich gegangen bin, bist du frei!«

»Frei? Was soll das heißen?«

»Ich meine, wenn du einen anderen … einen anderen Mann glücklich machen kannst und er dich … wenn du einem begegnest, der besser zu dir ist, als ich es vermochte … ich belade dich mit Leid … wenn also: dann gehe mit ihm, geh zu ihm. Du bist zu schön und zu lieb, um dein Leben zu vertrauern, du verdienst alles Gute dieser Erde.«

»O wie grausam du bist, mein Meletos, mein einziger Mann, du, Vater meiner Kinder!«

»Das dank' ich dir. Dennoch, an den Toten bist du nicht gebunden, solange du lebst. Die Lebenden gehören den Lebenden. Aber wenn es ein anderes Dasein geben sollte, glaube ich's oder glaube ich es nicht …«

»Ewig muß es sein, wie meine Liebe zu dir!«

»Wenn es ein anderes Dasein, wenn es ein Jenseits gibt, dann sei dort wieder mein, nur du, nur mein. Aber hier ist es zu Ende.«

Sie fällt mir um den Hals. »Nein! Nein!«

»Alkestis, danke, daß du keine Trauerkleider angelegt hast.«

»Du lebst ...«

»Noch! wolltest du sagen.«

»Du lebst!«

»Niemals sollst du Trauer tragen um mich, verdüstere nicht die Tage unserer Kinder.«

»Keine Kleider will ich ...«, sie reißt sich Ober- und Untergewand vom Leibe und will sie zerreißen zum Zeichen der Trauer ...

»Halt, halt, meine Alkestis, du brauchst sie ja noch ... du bleibst. Und wenn gar der Kerkermeister käme, er stürbe vor Neid, der Ärmste, denn ihm ist sein Weib davongelaufen. Siehst du, so hat man teil am Leben, sogar an dem der anderen, am fremden Dasein. Solange man atmet, sieht man Elend und Betrübnis. Doch Alkestis«, ... sie steht jetzt nackt vor mir ... »laß mich dich küssen!« Ich fasse sie heftig, wild.

Immer heißer fühle ich die Kraft durch mich strömen, noch heute wird sie mich verlassen, in einer Stunde wird sie mir genommen ... Alkestis, Leben, süßes Leben! Nie habe ich so intensiv gelebt, wie in Erwartung des Todes ... Sind das Tränen des Schmerzes oder der Lust ... »Mein Leben.« Ein leiser, fast unhörbarer Schrei ... und dennoch ein Schrei. In meinen Armen liegt sie, ich schließe ihr den Mund mit Küssen.

Und dann ...

Gibt es immer noch ein »und dann«?

»Komm, Alkestis, laß uns einen Becher Wein leeren.«

Wir trinken ... sie ... ich kann erst nicht schlukken ... doch wunderbar rinnt er durch die Kehle. Rot wie Blut, ... Lebenssaft, Leben, Leben, Leben!

»Spenden wir dem Dionysos, dem Gotte des Weines, des Rausches und des Theaters.« Sie waren gut, meine Tragödien, meine Kinder, ihm geweiht, ... Eumaios, Thersites ... vor allem aber Alkestis.

Anytos, Lykon, die Jämmerlichen, schleppen sich fort ... ich lebe, lebe ...

Ich ziehe Alkestis nochmals auf das Lager. Sonderbares Liebesbett, etwas kichert ironisch in mir. Alkestis, Alkestis! schreit es dann. »Aphrodite ... dionysische und dennoch Athene«, flüstere ich, »deine Nacktheit ist der herrlichste Mantel der Welt!«

Sie schlüpft in ihre Kleider.

Wir trinken die Amphora leer ...

Der Kerkermeister!

»Sei mir nicht böse, Meletos. Ich bringe den Trank, es ist meine Pflicht, die Zeit ist um!«

O ihr Götter! Alkestis greift nach dem Becher.

»Halt, halt«, schreie ich, und einmal noch brauche ich Gewalt, entreiße ihr das Getränk. Diesmal Gewalt, nicht das Leben zu fühlen, nicht das Leben zu retten, sondern den Tod! Wie schön, daß ich ein Dichter bin und eine Tragödie daraus dichte ...

»Ich will Alkestis sein«, schreit sie, »und an meines Gatten Stelle hinabsteigen ins Totenreich.«

»Herakles bezwang den Tod! Und nun geh,

Liebste. Den Jüngling, der die Fackel löscht, muß man allein empfangen. Ich bin für dich Leben, teilte Leben mit dir, nicht den Tod!«

»Laß mir die Hälfte, ich will mit dir gehen.«

»Halt, Frau«, hier spricht ein Dritter, der Bringer des Schierlings, »das darf nicht sein. Nur für einen ist der Trank, ihr würdet euch beide quälen, und dann müßte er nochmals sterben, vielleicht gar gesteinigt, wenn er die Gnade des Schierlings nicht annimmt.«

So trinke ich hastig. »Leb wohl, Alkestis, leb wohl, mein Leben!«

Der Todesbote zieht sie sanft, doch festen Griffes hinaus.

Wie sich's gehört, allein mit dem Tod!

Nachwort

Es gibt historische Romane, die erfundene Helden in eine historische Situation bringen, andere stellen die historische Persönlichkeit in den Mittelpunkt. Dieses Buch gehört zur zweiten Kategorie.

Sokrates hat mich seit meiner Gymnasialzeit beschäftigt, als wir Platons »Apologie des Sokrates« in griechischer Sprache lasen. 1963 veröffentlichte ich in den Annalen der Universidad del Ecuador in Quito einen Essay, den ich »Apologia de Melito« (Apologie des Meletos) nannte. In ihm legte ich meinen Standpunkt und meine Meinung zum Prozeß gegen Sokrates und zu seinem Ankläger dar. Gespräche über den Inhalt dieses Essays während meines Aufenthalts in Halle und Leipzig 1984 führten zu der Überzeugung, daß Meletos durchaus eine Gestalt für einen Roman werden könnte.

Über Meletos ist nur bekannt, daß er ein ziemlich junger Dichter, vermutlich ein Tragödiendichter, war. Seine Familie – Alkestis u. a. – ist nicht überliefert, lediglich der Name seines Vaters.

Hingegen können die griechischen Philosophen nach den Quellen geschildert werden, nahezu alle Aussprüche sind der Überlieferung entnommen. Das betrifft besonders die Gestalt des Sokrates. Alle Charakterzüge und Äußerungen entstammen den Werken Platons und Xenophons. Fraglich bleibt, was den Gedanken des Sokrates und was den Gedanken Platons entspricht, doch nehme ich an, daß die Grundzüge der Vorstellungen Platons von seinem Lehrer kommen.

Natürlich weiß man nicht, welche Dialoge Platons zu Meletos' Lebzeiten bereits veröffentlicht waren; hier hat der Autor ziemlich willkürlich und frei verwendet, was in die Erzählung paßte. Unsympathische Züge des Sokrates – zum Beispiel, daß er Geld auf Wucherzinsen lieh – sind zumeist der Biografie des Diogenes Laertius entnommen. Protagoras ist einer Sammlung seiner Aussprüche und der Überlieferung nachgezeichnet, die Quellen sind bekanntlich indirekt. Jakob Burckhardts vielleicht etwas überholter »Griechischer Kulturgeschichte« entnehme ich die Bestechlichkeit des Orakels, wobei er sich auf griechische Autoren wie Herodot und Plutarch beruft.

Neben den Werken Platons, Xenophons, des Protagoras, des Diogenes Laertius, des Thukydides und des Plutarch bin ich folgenden Publikationen verpflichtet:

Rosa de Babini, »Los siglos de la historia« (Mexico – Buenos Aires 1960),
G. Löwe und H. A. Stoll, »Die Antike in Stichworten« (Leipzig 1967) und Helmut Seidel, »Von Thales bis Platon« (Berlin 1984).

Anmerkungen des Autors

Aristokratie: Zusammengesetzt aus aristos (der Beste) und kratein (herrschen), also Herrschaft der Besten

Asklepios: Gott der Heilkunde

Aspasia: Die Geliebte des Perikles und Mutter seines dritten Sohnes soll eine Hetäre gewesen sein. Hetaira heißt Gefährtin. Die Hetären waren keine Straßenmädchen, sondern künstlerisch und musikalisch gebildete Frauen, die von ihrer freien Liebe lebten

Hera, die kuhäugig erhabene: Schmückende Beiworte für die Göttin bei Homer

Hund, Hund: Das griechische Wort für Hund ist Kyon. Daher kommt der Begriff Zyniker. Antisthenes war der Gründer der zynischen Philosophenschule. Kyon wurde vor allem sein berühmtester Schüler Diogenes genannt

Idole: Eidolon heißt griechisch Bild. In Platons »Staat« werden die Urbilder eidola genannt, daher stammen die Worte Idol und Ideal. Was wir als Wirklichkeit betrachten, soll nur ein Schatten jener die Wirklichkeit bedeutenden Bilder sein. So im berühmten Höhlengleichnis von Platons »Staat«, das dem Sokrates in den Mund gelegt wird

Jungfrauentempel: Parthenos heißt Jungfrau, Parthenon ist also der Tempel der jungfräulichen Göttin Athene

Kebes und Simmias: Personen aus Platons »Phaidon«

Kypros: Griechischer Name für Zypern

Lykurgos: Legendärer Gesetzgeber Spartas

Ochlokratie: Gegensatz von Aristokratie. Ochlos heißt der Schlechteste, Ochlokratie ist demnach die Herrschaft der Schlechtesten

Oidipus Tyrannos: Griechischer Titel der Tragödie des Sophokles

Paidagoge: Griechisch Kinderführer. Der Privatlehrer oder Hofmeister in griechischen Familien war oft ein Sklave

Schönes und Edles: Griechisch kallos kai agathos, Wahlspruch der Aristokratie

Seebund: In dem Krieg, den Athen um die Befestigung seiner Vorherrschaft gegen den Seebund führte, schloß sich Potidea Korinth an. Daraufhin wurde es von den Athenern belagert und erobert. Der Sieg war fatal, weil er zu einem der Anlässe für den Ausbruch des Peloponnesischen Krieges wurde

Sei gegrüßt: Der griechische Gruß Chaire heißt eigentlich: Freue dich!

Sophisten: Sophos heißt weise, die Sophisten nannten sich also selbst die Weisen

Zeittafel

470 v. u. Z.	Sokrates geboren
466 v. u. Z.	Kimon, Feldherr Athens, vernichtet in der Doppelschlacht bei Eurymedon Heer und Flotte der Perser
462 v. u. Z.	Einschränkung der Macht der adligen Archonten durch die von Perikles geführte demokratische Partei in Athen
461 v. u. Z.	Der für Verständigung mit Sparta eintretende Kimon wird aus Athen verbannt
456 v. u. Z.	Unterwerfung der aufständischen Heloten durch die Oberschicht in Sparta
452 v. u. Z.	Friedensschluß im Krieg Athens mit den böotischen Städten
449 v. u. Z.	Sieg in der Doppelschlacht bei Salamis beendet die Perserkriege (Kimon)
445 v. u. Z.	Dreißigjähriger Friede zwischen Athen und Sparta geschlossen
ab 444 v. u. Z.	Blütezeit Athens unter Herrschaft des Perikles auf politischem, wirtschaftlichem und kulturellem Gebiet. Unbestrittene Herrschaft Athens über den Attischen Seebund der ionischen, äolischen und inselgriechischen Städte Aischylos, Sophokles und Euripides prägen als Dichter, Anaxagoras, Protagoras und Sokrates als Philosophen das geistige Leben
431 v. u. Z.	Beginn des Peloponnesischen Krieges zwischen Athen und Sparta

429 v.u.Z.	Perikles stirbt, nach seinem Tode steht Kleon an der Spitze der demokratischen, Nikias an der Spitze der aristokratischen Partei
427 v.u.Z.	Plato geboren
421 v.u.Z.	Kleon fällt im Perserkrieg, Nikias schließt Frieden mit Sparta
ab 418 v.u.Z.	Erneute Kämpfe mit Sparta unter Führung des Alkibiades
416 v.u.Z.	Alkibiades in Abwesenheit wegen Religionsfrevels zum Tode verurteilt, flieht nach Sparta
413 v.u.Z.	Alkibiades verrät Athen an Sparta, dessen Plan zur Eroberung von Syrakus scheitert
411 v.u.Z.	Alkibiades kehrt nach Athen zurück (404 v. u. Z. ermordet), oligarchischer Staatsstreich durch Verfassungsänderung scheitert, Rat der 500 wiederhergestellt
404 v.u.Z.	Ende des Peloponnesischen Krieges durch Eroberung Athens
404–403 v.u.Z.	Diktatorische Herrschaft der dreißig in Athen (Kritias), spartanische Besatzung auf der Akropolis Hinrichtung von Anhängern der Demokratie
403 v.u.Z.	Thrasybulos schlägt Truppen der dreißig, Kritias fällt, Wiederherstellung der Demokratie
399 v.u.Z.	Sokrates zum Tode verurteilt und hingerichtet

399–387 v. u. Z.	Krieg zwischen Sparta und Persien, in dessen Verlauf sich 395 auch Athen, Korinth, Theben und Argos gegen Sparta verbünden
387 v. u. Z.	Friedensschluß, durch den die griechischen Städte in Kleinasien den Persern preisgegeben werden Athen erlangt nie mehr seine alte politische Bedeutung

INHALT